W0465591

Inhalt

Lieder

(K) Kanon

Musik für Stimmen …

… und Instrumente

Tänze

Musik zum Hören

Musik oder was?

Die Welt der Musik ist sehr vielfältig.
In allen Ländern der Erde wird Musik gemacht.
Dabei werden ganz unterschiedliche Instrumente benutzt,
und auch die Musik klingt immer wieder anders.

Gamelan-Orchester, Indonesien

Rockkonzert

Zwei Volksmusikanten

Jeunesses Musicales Weltorchester

Kammerkonzert

Musikanten
aus Peru

Afrikanische
Trommlerinnen

Streichquartett

Blasmusikanten

1. Betrachtet die Abbildungen.
   Könnt ihr euch vorstellen, wie die Musik klingt?
   Welche der Instrumente kennt ihr schon?

2. Hört euch die Hörbeispiele an und überlegt, zu welchem Bild sie passen könnten. I/1 9

Wer singt denn hier?

Nicole

Margot & Maria Hellwig

Papa unter
der Dusche

›Kuschelmusik‹

Bruce Springsteen

Rapper
mit Booster

ßballfans

Opernsängerin

tschspiel

Der Tölzer Knabenchor

1. Welches Hörbeispiel passt zu welchem Bild? I/10–19

2. Was glaubt ihr: Welche der abgebildeten Sängerinnen und Sänger mussten das Singen lernen und welche nicht?

3. Sprecht über die Bilder und erzählt von euch selbst:
   - Welche Lieder singt ihr besonders gern und woher kennt ihr sie?
   - Bei welchen Gelegenheiten habt ihr in den letzten Tagen selbst gesungen oder jemanden singen hören?
   - Welche Lieder kennt ihr von Sportveranstaltungen?
   - Gibt es in eurem Wohnort einen Kinderchor?

Die Geschmäcker sind verschieden I/20 28

Jede dieser Personen hat musikalische Vorlieben.

1. Stellt Vermutungen an, welches Musikbeispiel die abgebildeten Personen gut finden könnten. Glaubt ihr, das ist immer und bei allen Menschen so?

2. Befragt Leute aus eurem Verwandten- oder Bekanntenkreis nach ihrem Musikgeschmack. Bringt deren Lieblingsmusik mit in die Schule und erklärt, warum diese Musik gerne gehört wird.

3. Wählt eine Person aus, der ihr Musik schenken wollt. Stellt dazu mehrere Musikstücke zusammen, die diese Person besonders gerne mag, und überspielt sie auf eine Kassette oder CD.
Gestaltet auch eine Hülle.

4. Du kannst deinem besten Freund oder deiner besten Freundin auch eine Musikzusammenstellung **deiner** Lieblingsmusik schenken.

Spiele mit der Stimme

Alles summt

Mücken summen

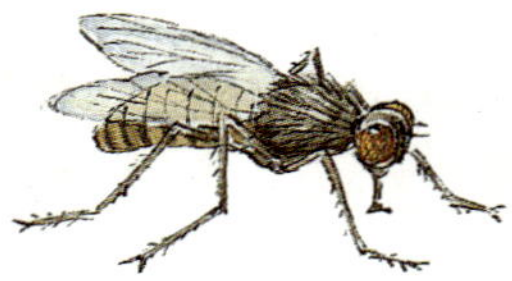

Fliegen summen

Bienen summen

Hummeln summen

Versucht das Summen der Tiere nachzuahmen.
Beginnt mit den Hummeln.

Kleine Dampfmaschine

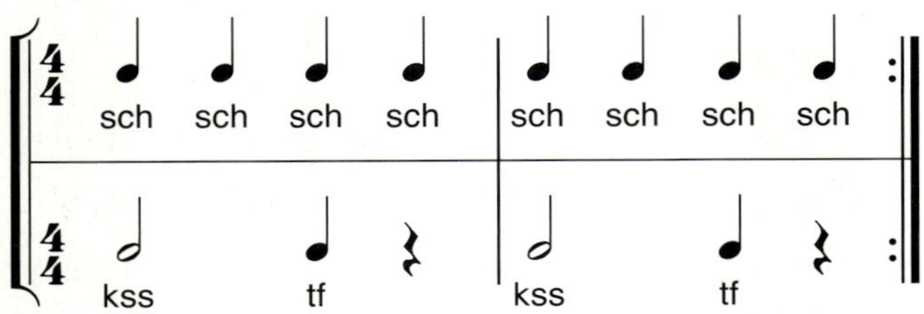

Zur großen Dampfmaschine kommt hinzu:

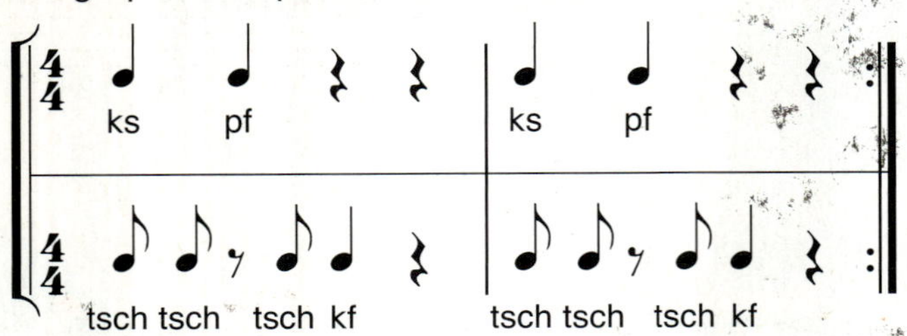

1. Sprecht die Geräusche der kleinen Dampfmaschine nach. Versucht es erst hintereinander und dann gleichzeitig.
2. Fallen euch noch mehr Maschinengeräusche ein?

Fahrstuhl fahren

In einem Hochhaus fährt der Fahrstuhl auf und ab.

1. ›Fahrt‹ genauso mit eurer Stimme hinauf und hinunter.
2. Wie klingt es, wenn zwei ›Fahrstühle‹ in entgegengesetzter Richtung fahren?

Im Eisladen

Melodie und Text: M. Ansohn

Bei jeder neuen Eissorte wird die kleine Melodie einen Stammton höher angestimmt. Singt sie mit insgesamt acht verschiedenen Eissorten auf den Tönen c', d', e', f', g', a', h', c''.

Sprung in der Platte?

Melodie: M. Ansohn

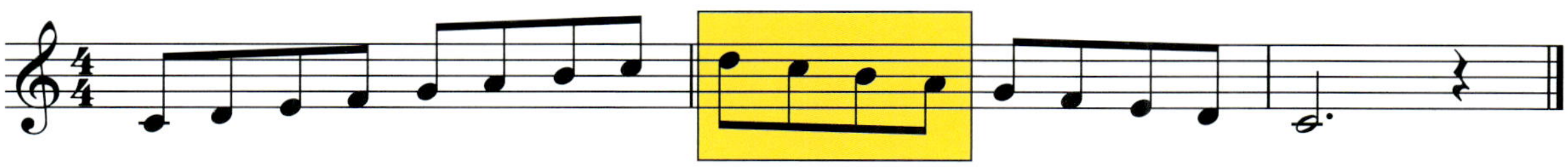

1. Diese Melodie könnt ihr auch mit den Silben ›nu‹, ›so‹, ›wie‹, ›du‹, ›ba‹ singen oder mit anderen Silben, die euch einfallen.

2. Lustig wird es, wenn die vier Töne im Kästchen zweimal, dreimal oder viermal hintereinander gesungen werden, ohne Luft zu holen.

Hat die Platte einen Sprung?

Seifenblasen

I/29 30

Musik und Text: G. Feils

Lasst die Seifenblasen erklingen. Verwendet dazu eure Stimme oder das Glockenspiel.

Denkt euch für jede farbig gekennzeichnete Stelle im Lied passende Seifenblasenklänge aus.

Wie klingen die Seifenblasen, wenn sie schweben, wenn sie herumwirbeln, wenn sie sich treffen und wenn sie auf dem Po landen?

Seifenblasen-Spiele mit der Stimme

1. Atmet tief ein und blast langsam Seifenblasen.
   Blast in einem Atemzug und lasst die Bällchen fliegen.
   Atmet nochmal tief ein und erzeugt die Seifenblasen durch mehrere kleine Atemstöße.

2. Ein Schüler oder eine Schülerin bläst Seifenblasen.
   Die anderen atmen tief ein und begleiten das Herabgleiten der Seifenblasen mit der Stimme.
   Beginnt dabei mit einem ganz hohen Ton und lasst ihn heruntergleiten. So erzeugt ihr ein Glissando.
   Singt in einem Atemzug auf den Lauten »s«, »f« und »sch«.

3. Es werden neue Bällchen geblasen.
   Jeder sucht sich ein Bällchen aus und verfolgt es mit den Augen. Wenn euer Bällchen platzt, sprecht ihr »blibb, blubb, blabb.«

4. Wieder werden Bällchen geblasen.
   Jeder sucht sich ein Bällchen aus und verfolgt es diesmal mit einem klingenden Ton. Wählt dazu vorher einen beliebigen Ton aus, den ihr gerne singen wollt.
   Je mehr Bällchen zur gleichen Zeit fliegen, desto mehr verschiedene Töne erklingen. So erzeugt ihr einen Schichtklang.

Stimmungen und Stimmen

Begegnung im All. Wer hat die kleinen grünen Männchen wohl so in Aufregung versetzt? Was sie zueinander sagen, kann man nicht verstehen. Aber der Klang ihrer Stimmen verrät, wie sie sich fühlen.

1. Versucht, die drei Gruppen der kleinen grünen Männchen nachzuspielen.

Der Komponist György Ligeti aus Ungarn hat ein Musikstück geschrieben, in dem die unterschiedlichsten Gefühle mit Musik ausgedrückt werden. Er nannte es »Aventures« (›Abenteuer‹). Die Sänger haben in diesem Stück kein einziges verständliches Wort zu singen. Ähnlich wie bei den grünen Männchen erkennt man nur am Klang der Stimme, was gemeint ist.

2. Hört euch drei Ausschnitte aus »Aventures« an. In welchem Beispiel wird ›Aufregung‹, in welchem ›Angst‹ und in welchem ›Lachen‹ dargestellt? I/31 33

3. Hört euch einen längeren Ausschnitt aus dem Musikstück an. Welche Stimmungen und Gefühle könnt ihr erkennen? I/34

Wenn du fröhlich bist

aus England
deutsche Textfassung: B. K.

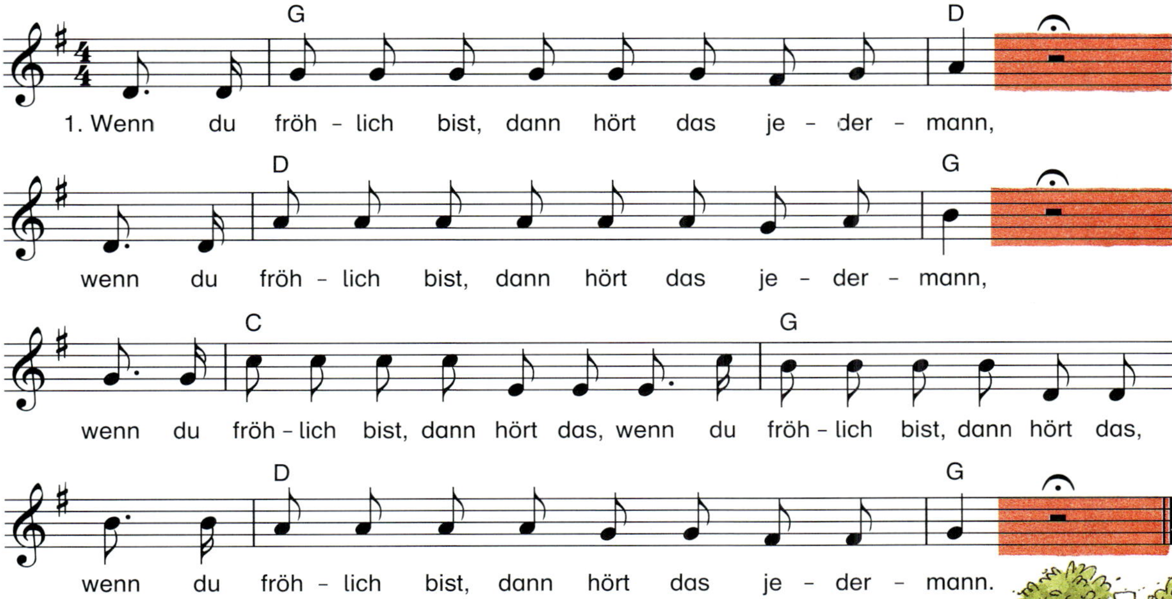

2. Wenn du traurig bist …
3. Wenn du wütend bist …
4. Wenn du müde bist …
5. Wenn du weinen musst …

1. Die Melodie hat drei lange Pausen. I/35
Hier könnt ihr die unterschiedlichen Gefühle mit der Stimme darstellen.

Auf dem Bild seht ihr Menschen in verschiedenen Stimmungen.

2. Sucht euch eine der Szenen in dem Bild aus und ahmt sie mit der Stimme, aber ohne Worte, nach.
Wer errät, welche Szene gemeint ist?

Ich lieb' den Frühling I/36

Melodie,
englischer Text und 1. Str.: mündlich überliefert
deutscher Text (2.–4. Str.): H. Schrader

Kanon

2. Ich lieb' den Sommer, ich lieb' den Sand, das Meer.
Sandburgen bauen und keinen Regen mehr,
Eis essen, Sonnenschein, so soll's immer sein.
Di dum, di da …

3. Ich lieb' die Herbstzeit, stürmt's auf dem Stoppelfeld.
Drachen, die steigen, hoch in das Himmelszelt.
Bunte Blätter fallen von dem Baum herab.
Di dum, di da …

4. Ich lieb' den Winter, wenn es dann endlich schneit,
hol' ich den Schlitten, denn es ist Winterzeit,
Schneemann bau'n und Rodeln geh'n, ja, das find' ich schön.
Di dum, di da …

Dieses Lied könnt ihr gesanglich unterschiedlich gestalten:

- Ihr könnt das ›Di dum, di da ...‹ als Einleitung singen.
- Ihr könnt das Lied im Kanon singen.
- Ein Teil der Klasse kann das ›Di dum, di da …‹ als zweite Stimme singen.

Begleitung mit Instrumenten I/37–38

W.D.L.

Begleitstimme für das Glockenspiel

Die Faschings-Polonäse I/39–40

Melodie: W. Böhm
Text: W. Böhm, Textfassung: B.K.

Wenn beim Faschingsfest am Nachmittag dieses Lied erklingt und die Stimmung steigt, dann geht es erst richtig los. Als ›Schlange‹ oder in Reihen tanzen alle singend durch das Haus.

Die Polonäse – Ein alter Tanz

Schon seit langer Zeit ist die Polonäse ein beliebter Tanz zur Eröffnung von Festen. Dabei gehen die Paare in langen Reihen hintereinander und führen verschiedene Tanzfiguren aus.
In Königshäusern ging früher der Zug dann durch prächtig geschmückte, hell erleuchtete Säle. Eine strenge Ordnung am Hofe legte fest, wer gleich hinter dem Königspaar gehen durfte und wer danach kam.
Das richtete sich nach der Würde und Wichtigkeit der Person, nach der Rangordnung. Wenn Bedienstete des Königs überhaupt mittanzen durften, kamen sie ganz an den Schluss des Zuges.

1. Versucht die abgebildeten Figuren zur Musik nachzutanzen. I/41

2. Wählt dazu ein Königspaar, Prinzessinnen und Prinzen, Gräfinnen und Grafen aus.

Es tönen die Lieder

mündlich überliefert

Dem Hirtenjungen aus einer alten Abbildung scheint es zu gefallen, wie sein Vater auf der Schalmei spielt.
Die Schalmei ist eines der ältesten Blasinstrumente.
Sie wird noch heute in Griechenland, der Türkei und einigen anderen Teilen Europas gespielt.
Aus der einfachen Schalmei wurde im Laufe der Zeit ein Orchesterinstrument entwickelt: die Oboe.
Sie bietet musikalisch mehr Möglichkeiten und klingt etwas anders als die Schalmei.

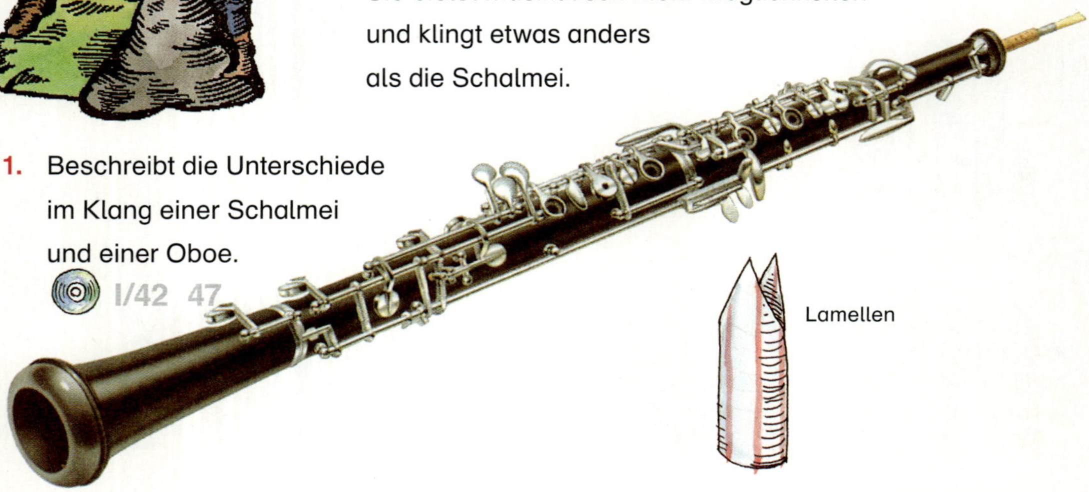

1. Beschreibt die Unterschiede im Klang einer Schalmei und einer Oboe.
I/42 47

Lamellen

2. Aus einem Trinkhalm könnt ihr ganz leicht selbst eine einfache Schalmei anfertigen. Nehmt die ausgeschnittene Spitze ganz in den Mund, sodass die Lamellen im Mundraum frei schwingen können.

Regenlied 1/48

Melodie: U. Meyerholz
Text: B. Meyerholz

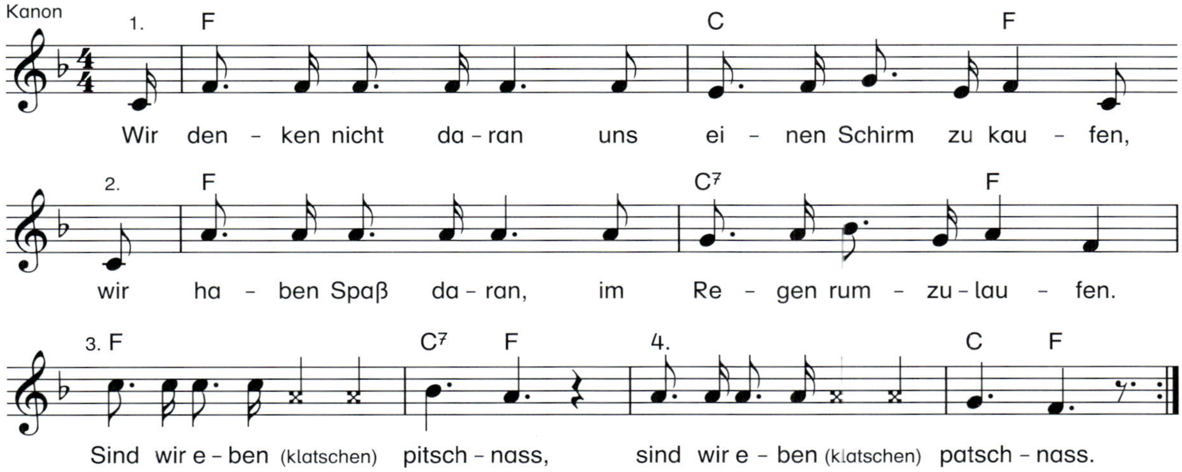

Baut euch
›Regentropfen-
Joghurtbecher-,
Reis-Schüttelboxen‹.
Macht damit
sowohl den Regen
als auch das Patschen
in der Pfütze nach.

Wie Eis in der Sonne I/49–50

Musik und englischer Text: H. Kopp/H. Harders
deutscher Text: B. K.

2. Willst du richtig Freude hab'n
und dich spitze fühlen am Meer,
leg dich an den Sonnenstrand
und genieße alles mit mir.

3. Bist du an der Bucht am Meer
und siehst Surfer am Horizont,
hab' Spaß an 'nem Sonnentag
mit 'nem Eis am heißen Strand.

2. If you wanna have some fun
feeling groovy down by the sea,
lay down in the summer sun
feel the good vibrations with me.

3. When you're in the ocean bay
see the surfers glide out of reach,
have fun on a sunny day
with an ice-cream on the beach.

Musik in der Werbung

Nicht nur im Sommer wurde dieses Lied überall auf der Welt als Werbung für Eiskrem in den Kinos gespielt. Es ist eines der erfolgreichsten Lieder aus der Werbung.

1. Welche anderen Lieder kennt ihr, die als Werbung im Radio, Kino oder Fernsehen zu hören sind?

Werbeleute überlegen sich ganz genau, was sie mit der Musik, die sie für eine Werbung einsetzen, erreichen wollen. Sie soll ja bewirken, dass die Menschen etwas Bestimmtes kaufen, auch wenn sie es vielleicht gar nicht brauchen.

2. Überlegt, wie die Musik dazu beitragen kann.

3. Hört euch die Beispiele an und achtet darauf, wie die Musik auf euch wirkt. Gibt sie euch zum Beispiel das Gefühl, fröhlich, entspannt, traurig, glücklich oder stark zu sein? (CD I/51 54)

4. In welcher Werbung würdet ihr diese Musik als ›Werbefachleute‹ einsetzen?

Hejo, spann den Wagen an

mündlich überliefert aus England
deutscher Text: mündlich überliefert

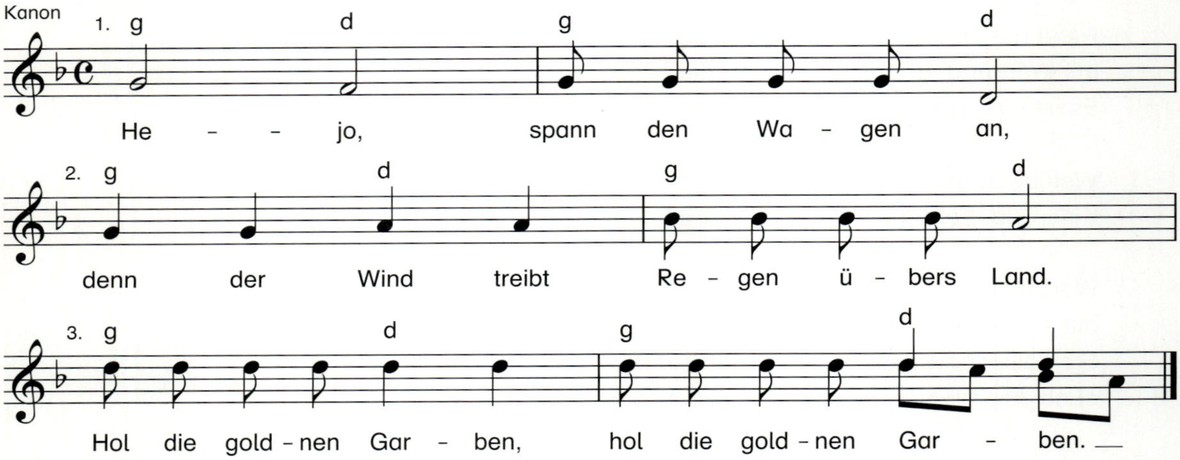

Regen zieht auf. Die ersten schweren Tropfen fallen.
Menschen und Tiere suchen einen trockenen und sicheren Ort.
Wer sich jetzt nicht beeilt, bekommt nasse Füße!

1. Schaut das Bild an, und stellt euch vor, was alles zu hören ist.

2. Probiert, wie ihr die Geräusche von Regen und Wind nachahmen könnt. Verwendet dazu eure Stimme, Gegenstände oder Instrumente.

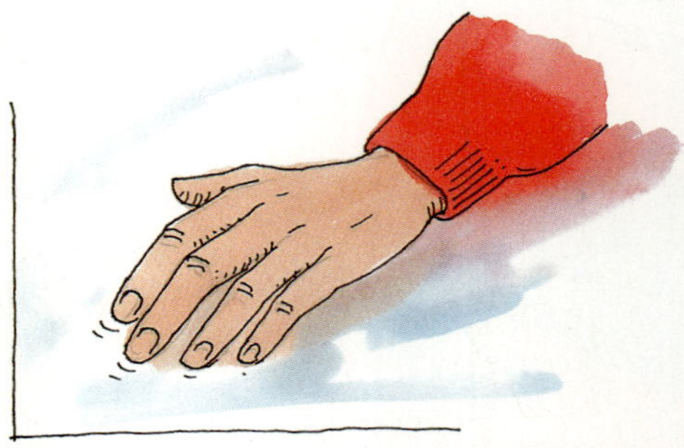

Trommeln mit den Fingern auf einer glatten Fläche klingt wie Regen.

Unwettergeräusche selber machen

A 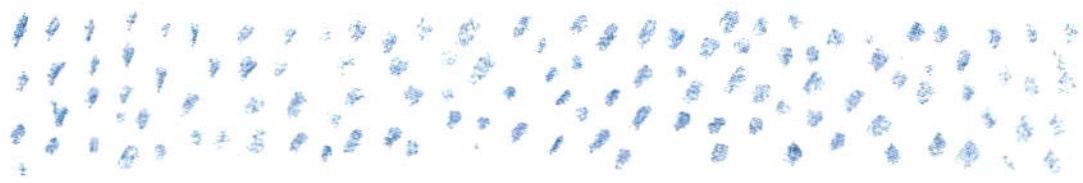

B 

C 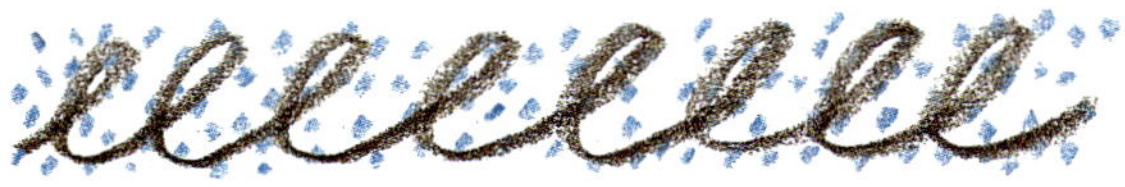

D 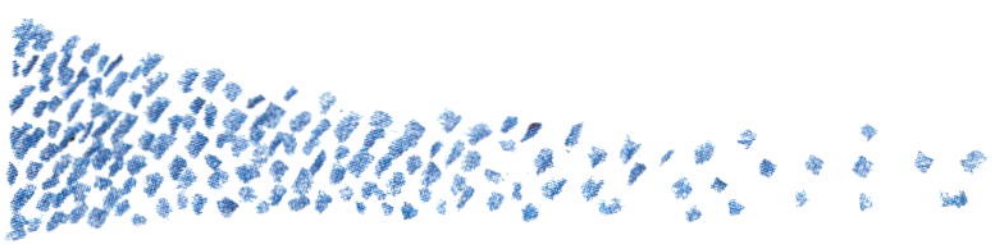

Regen, der schwächer wird

Regen und Wind

Wind

Der Wind steigert sich langsam und es kommt immer mehr Regen dazu

Regen

3. Ordnet die Worte den Klangzeichen zu.
Wie würdet ihr ›nachlassenden Wind‹ und ›zunehmenden Regen‹ aufmalen?

4. Welche Reihenfolge von Klangzeichen würdet ihr für den Ablauf eines Unwetters wählen?
Malt diesen Ablauf an die Tafel und spielt ihn ab.

* Ihr könnt euer Spiel mit einem Kassettenrekorder aufnehmen und beim Singen des Liedes als Hintergrund-›Musik‹ verwenden.

* Zum Vergleich könnt ihr euch weitere Abfolgen von Unwetter anhören und in Klangzeichen aufschreiben. I/55

* Die Komponisten Beethoven, Rossini und R. Strauss haben versucht Gewitter und Sturm mit Orchesterinstrumenten zu schildern. I/56–58
Es gibt auch Musikstücke, in denen wirkliche Geräusche aus Unwettern verwendet werden.
Hört euch die Beispiele an und schildert eure Eindrücke.
Welches gefällt euch am besten und warum? I/59–60

Ich wünsche mir zum Heiligen Christ I/61

Melodie: R. Zuckowski
Text: E. Wildgrube-Ulrici

2. Ich wünsche mir zum Heiligen Christ
eine Oma, die nie ihre Brille vermisst,
einen Nachbarn, den unser Spielen nicht stört,
und 'nen Wecker, den niemand hört.

3. Ich wünsche mir zum Heiligen Christ
eine Schule, die immer geschlossen ist,
eine Mutter, die keine Fragen stellt,
und 'nen Freund, der die Klappe hält.
(folgt Schluss)

Kann man sich diese Wünsche durch Kaufen erfüllen?

1. Denkt euch selber Strophen mit euren Wünschen aus.

Hier ein Beispiel:

Melodien selber erfinden

Melodien machen ist gar nicht so einfach! Hat man jedoch einen Anfang, so findet sich auch leicht ein Schluss.

2. Singt die vorgeschlagenen neuen Melodieteile. Eine Schülerin oder ein Schüler singt jeweils alleine weiter. Überlegen braucht man dabei nicht lange! I/62

Ihr könnt auch versuchen für den ganzen Text eine eigene Melodie zu schaffen.

3. Nehmt eure Ideen mit dem Kassettenrekorder auf.

Hier verrät euch Rolf Zuckowski, was er beim Komponieren seiner Melodie empfunden hat.

Rolf Zuckowski

Ich habe das Gedicht »Ich wünsche mir zum Heiligen Christ« gelesen und schon beim Betrachten des Textes kam mir der Rhythmus in den Sinn, den ich beim Sprechen der Worte empfand. Der humorvolle Inhalt verlangte nach einer fröhlichen Musik und der jeweilige Sänger sollte die Melodie nach seinen eigenen Wünschen ein wenig verändern können. Vielleicht wäre ich auf ganz andere Spuren gekommen, wenn der Text weniger humorvoll gewesen wäre und von den vielen wirklichen Wünschen der Menschen in der Weihnachtszeit gehandelt hätte. Und wie steht es um eure persönlichen Weihnachtswünsche?
Unser Lied eignet sich für viele neue Gedanken, auch für eure ganz persönlichen.
Aber passt dann die Melodie noch?
Sicherlich findet ihr für eure Stimmungen auch eigene Töne.
Viel Spaß!

Engel haben Himmelslieder

I/63–64

Melodie und französischer Text aus Frankreich
Satz: K. Suttner
deutscher Text: L. Holzmeister

›Gloria in excelsis Deo‹ ist lateinisch und heißt übersetzt:
Ehre sei Gott in der Höhe.

2. Hirten, was ist euch begegnet, dass ihr so voll Jubel seid?
Gott hat heut die Welt gesegnet, Christ erschien der Erdenzeit. Gloria …

3. Er gibt allen Menschen Frieden, die des guten Willens sind.
Freude wurde uns beschieden durch ein neu gebor'nes Kind …

2. Bergers, grande est la nouvelle, le Christ est né, le Dieu Sauveur!
Venez, le ciel vous appelle a rendre hommage au Rédempteur!

3. Vers l'enfant qui vient de naître accourons tous avec bonheur!
Le ciel nous l'a fait connaître: amour au Christ, au Dieu Sauveur!

Joseph, lieber Joseph

mündlich überliefert

Josef 2. Gerne, liebe Maria mein,
helf ich dir wiegen das Kindelein,
Gott, der wird mein Lohner sein
im Himmelreich,
der Jungfrau Sohn Maria.

»Joseph, lieber Joseph« ist eines der beliebtesten Lieder zum alten Brauch des ›Kindelwiegens‹. Hierbei wird ein Christkind aus Wachs oder Holz hübsch angezogen in eine Wiege gelegt, die vor dem Altar in der Kirche steht. Kinder wiegen dieses Christkind, tanzen und singen dazu. Manchmal gehen sie auch mit einer kleinen Wiege von Haus zu Haus, singen und bekommen dafür kleine Geschenke.

Bordun

Zu diesem Lied lässt sich gut ein Bordun spielen. ›Bordun‹ ist die Bezeichnung für eine musikalische Begleitung mit nur einem tiefen, lang ausgehaltenen Ton.

Ein italienischer Dichter hat den Bordun so beschrieben: »Die Vögel singen und die Blätter rauschen den Bordun zu ihren Liedern.« I/65

schweifender Bordun

Wenn zu diesem Bordun-Ton im gleichmäßigen Wechsel andere Töne gespielt werden, nennt man das einen ›schweifenden Bordun‹.

Das Lied der Deutschen II/1

Melodie: J. Haydn
Text: H. Hoffmann von Fallersleben

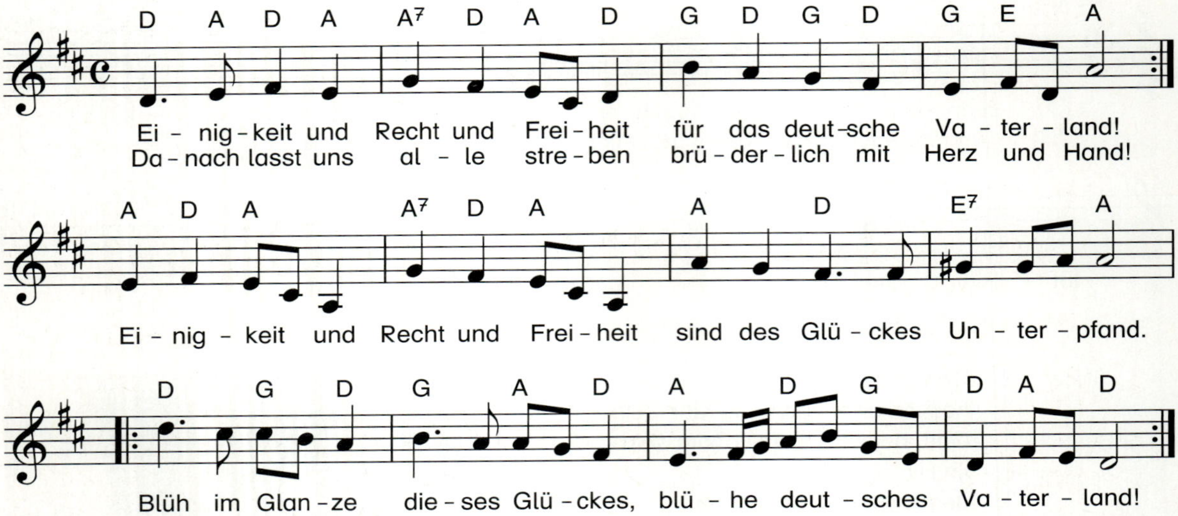

Alle Staaten der Erde haben ein Lied, das bei besonderen Anlässen gesungen oder gespielt wird. Ein solches Lied nennt man Nationalhymne.

1. Bei welchen Gelegenheiten habt ihr schon Nationalhymnen gehört?

2. Kennt ihr Nationalhymnen anderer Länder und könnt ihr sie vorsingen?

3. Hört euch die Anfänge der Hymnen II/2 von Frankreich, Großbritannien, Japan und den USA an.

Staatsbegräbnis

Fußballspiel

Gott mit dir, du Land der Bayern II/3

Melodie: M. Kunz
Text: M. Öchsner

2. Gott mit dir, dem Bayernvolke, dass wir uns're Väter wert,
fest in Eintracht und in Frieden bauen uns'res Glückes Herd!
Dass mit Deutschlands Bruderstämmen einig uns ein jeder schau
und den alten Ruhm bewähre unser Banner weiß und blau.

Der Bayerische Rundfunk spielt das »Lied der Bayern« immer nachts zum Ende der Sendezeit.
Sammelt weitere Gelegenheiten, bei denen das »Lied der Bayern« gesungen oder gespielt wird.

Die Gebirgsschützenkompanie Wolfratshausen

Staatsempfang

Wer schleicht da? II/4 5

Musik: B. Barton-Allcock
Text: M. Frielinghaus

Vorspiel, Zwischenspiel und Nachspiel

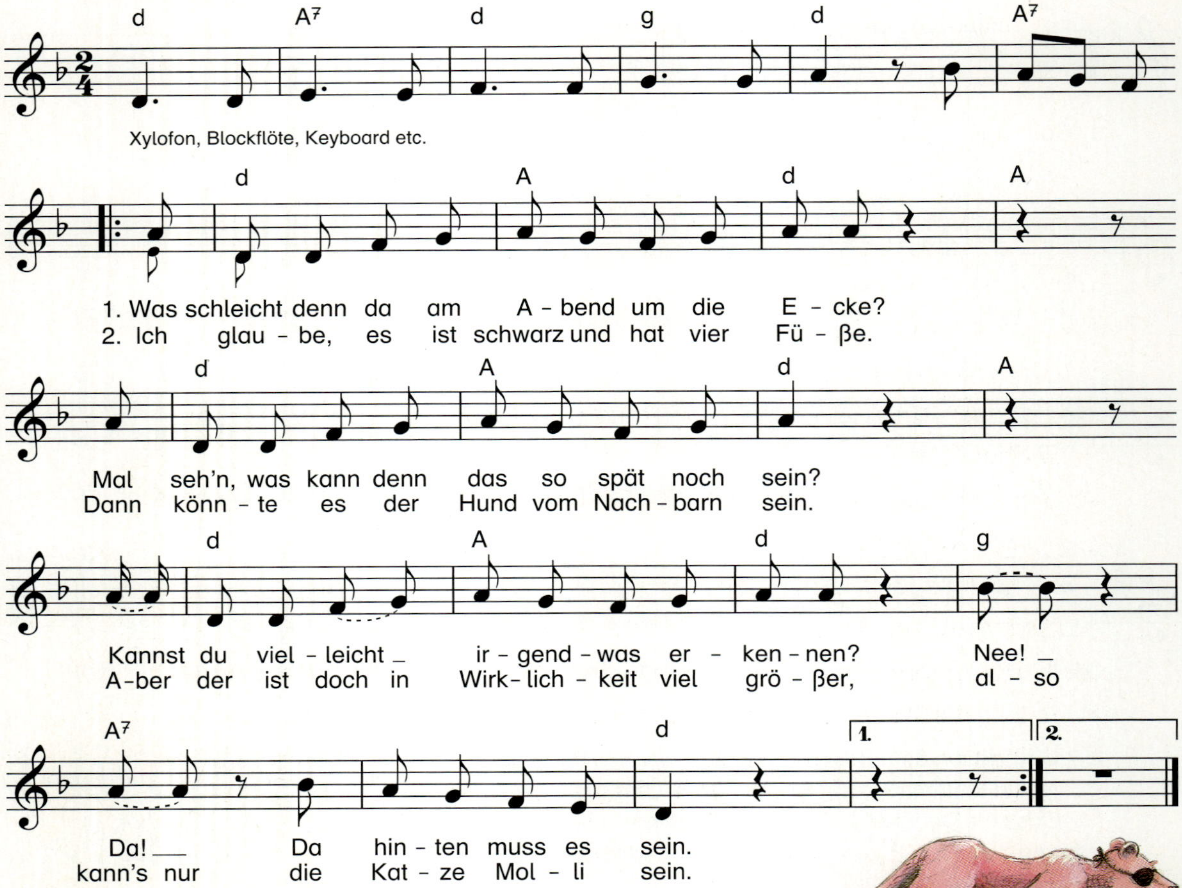

Zwischenspiel – dazu machen die Sänger ein leises ›Miau‹.

3. Was schleicht denn da durch den Gemüsegarten?
Mal seh'n, was könnte das denn diesmal sein?
Kannst du vielleicht irgendwas erkennen? Nee!
Da! Dahinten muss es sein.

4. Ich kann dort aber wirklich nichts entdecken,
wahrscheinlich ist es nur so klitzeklein.
Ein Kopfsalat ist völlig abgefressen.
Ja, dann kann's nur 'ne Schnecke sein.

Zwischenspiel – dazu ein leises Schmatzen.

5. Was schleicht denn da herum auf leisen Sohlen?
Mal seh'n, was könnte das denn diesmal sein?
Kannst du vielleicht irgendwas erkennen? Nee!
Da! Dahinten muss es sein.

6. Schau mal, die große bunte Feder,
die schleicht doch da nicht 'rum so ganz allein.
Irgendwer gehört zu dieser Feder.
Das muss – ein Indianer sein.

Nachspiel – dazu »Indianergeheul«

1. Denkt euch noch weitere Strophen von schleichenden Tieren, Menschen oder anderen Wesen aus.
2. Spielt das Vorspiel, Zwischenspiel und Nachspiel auf Instrumenten.

Der rosarote Panter II/6

Eine richtige ›Schleichmusik‹ hört man in einem alten Film, in dem ein rosaroter Panter vorkommt.
Stellt euch dazu die folgende Geschichte vor:
Einbrecher wollen den kostbaren Diamanten der englischen Königin stehlen.
Er ist in einem Museum aufbewahrt, in das die Gangster bereits eingedrungen sind.
Obwohl es Nacht ist, müssen sie auf der Hut sein.
Ein Wachmann könnte jeden Augenblick um die Ecke kommen.
Die Gangster benutzen deshalb die Ausstellungskästen als Deckung. Sie schleichen von einem zum anderen und nähern sich so dem Diamanten.
Ab und zu schauen sie hinter den Kästen hervor und sehen sich vorsichtig um.
Plötzlich steht der Wachmann tatsächlich vor ihnen und macht sich breit wie eine Wand.
Die Gangster versuchen zu fliehen.
Schafft es der Wachmann, die Gangster zu fangen?
Ja! Hände hoch!

1. Spielt die Szene zur Musik, sprecht dabei aber nicht.

2. Ihr könnt euch dazu aus schwarzem Tonpapier und Gummibändern ›Einbrecher-Masken‹ basteln.

Die alte Moorhexe II/7

Musik: W. Jehn
Text: M. Jehn

2. Gegen Mitternacht jedoch
fährt sie in ihr Hexenloch,
füttert ihre sieben Schlangen,
bringt den schnellen, starken, langen
Hexenbesen in den Stall,
scharrt und raschelt überall;
hält die ganze Welt für dumm,
hext herum, hext herum.

3. Bei dem Spuk in Moor und Sumpf
ging verlor'n ihr Ringelstrumpf;
jener rote links gestrickte
Strumpf, den ihre Schwester schickte,
hängt in einer Birke drin,
flattert einsam vor sich hin;
hält die ganze Welt für dumm,
hext herum, hext herum.

Noch unheimlicher klingt es, wenn einige von euch das Lied flüsternd begleiten.

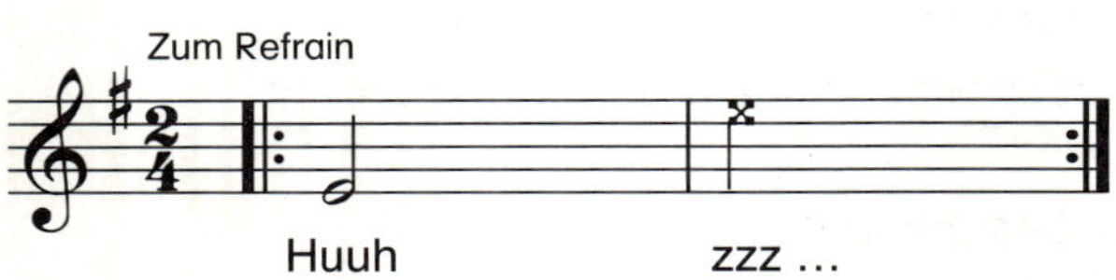

Hexensprüche II/8

Briese, brause, Sausewind
Hexenbesen saus geschwind
durch die Lüfte mit dem Wind
bis wir bei den Wolken sind.
Hex, hex, hex und hui, hui, hui,
spucke hexisch pfui, pfui, pfui
Sonne, Mond und Sterne an.
Hexenspucke klebe dran.
Reite weiter in die Nacht
bis mein Besen funkt und kracht!

Hex, hex, jetzt muss ich flüstern.
Es fängt leise an zu knistern.
Es prasselt, es raschelt,
es fackelt, es wackelt,
es zischt und es knackt
im Feuertakt!
Qualmt und funkt es heiß und hell,
reit' ich mit dem Besen schnell
zwischen Rauch und Flammen:
der Feuertanz hat angefangen.

Ich ziehe einen Zauberkreis.
Hex' mir Töne, laut und leis,
hoch und hell,
schrill und grell,
sanft und fein,
klar und rein.
Prasseln, rasseln, kling und klang,
Tröten, Flöten, Hexensang.
Trommeln schlagen und Geschrei:
hex, hex Musik herbei! (F.S.)

1. Lest die Sprüche geheimnisvoll und schaurig vor. Ihr könnt dabei flüstern, schreien, heulen, seufzen, lachen, kreischen, brummen – und vieles mehr.

2. Denkt euch zu einem der Verse eine eigene Hexenmusik aus. Überlegt, welche Geräusche und Klänge ihr dazu verwenden wollt. Wählt einen Vorleser und entscheidet, wann und wie gespielt werden soll.

3. Wenn ihr eigene ›Hexeninstrumente‹ basteln wollt, findet ihr in den Abbildungen Anregungen.

Good night, Ladies II/9

mündlich überliefert aus England
deutscher Text : W.D.L.

2. Farewell, Ladies …

3. Sweet dreams, Ladies …

Singt das Lied und tanzt dazu.

Ablauf des Tanzes

Die Beschreibung der Tanzschritte gilt für den Außenkreis (siehe Bild ›Ausgangsposition‹). Die jeweiligen Partner und Partnerinnen im Innenkreis machen spiegelbildlich immer die gleichen Bewegungen.

Takt 1: ›Hacke-Spitze-Hacke-Spitze‹ nach rechts (Hacke = ♩, Spitze = ♩)
Takt 2: Vier Galoppschritte nach rechts (Ein Galoppschritt = ♩)
Takt 3: ›Hacke-Spitze-Hacke-Spitze‹ nach links
Takt 4: Vier Galoppschritte nach links
Takt 5 bis 8: genauso wie Takt 1 bis 4
Takt 9: Klatschen rechts – Klatschen links (Rhythmus des Klatschens: ♫ ♩)
Takt 10: Klatschen oben – Klatschen unten
Takt 11 und 12: Partnerdrehen
Takt 13 und 14: wie Takt 9 und 10
Takt 15 und 16: Partnerwechsel

Ein Tanz

Ausgangsposition
Hacke - Spitze nach rechts
Hacke
Spitze
Galopp nach rechts
Hacke - Spitze nach links
Galopp nach links
Klatschen rechts
Klatschen links
Klatschen oben
Klatschen unten
Partnerdrehen
Partnerwechsel

Im Stau II/10 11

Melodie und Text: F. Janosa

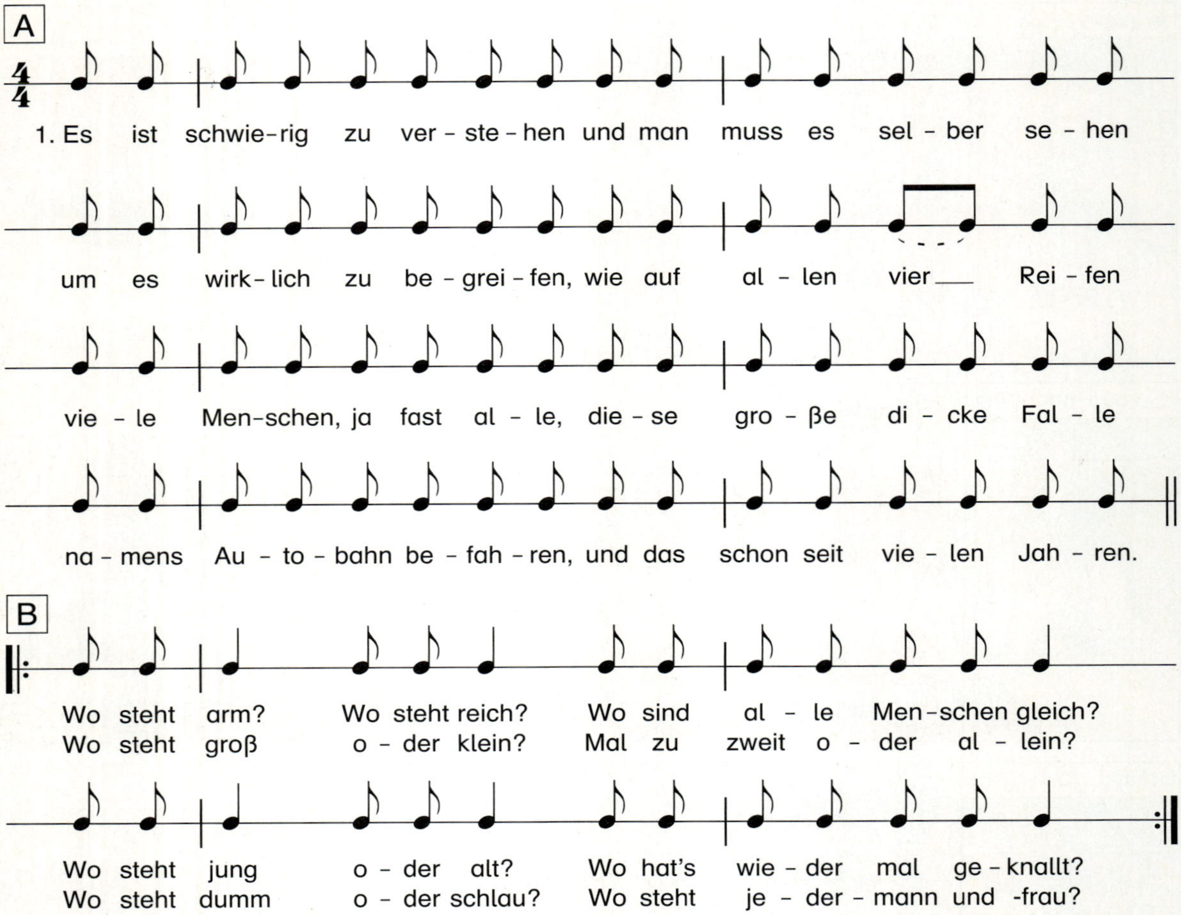

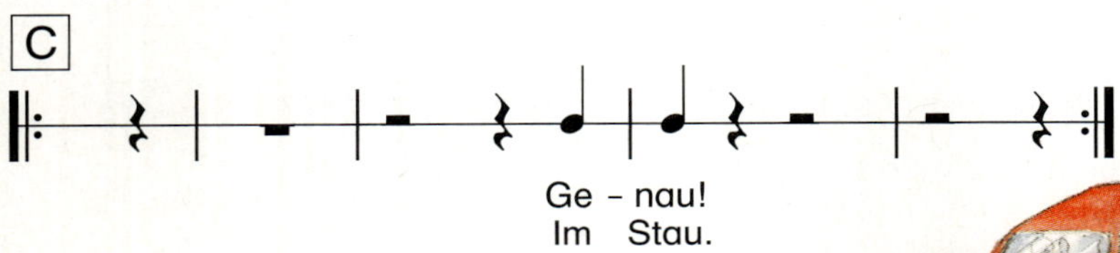

2. Manche spüren ihre Blase,
and're bohren in der Nase
oder schau'n auf den Kalender
oder suchen neue Sender.
Mancher Dichter oder Denker
trommelt nur auf seinem Lenker
oder schneidet eine Fratze
oder kämmt sich seine Glatze.

3. Viele dösen, manche pennen
und die Sonnenstrahlen brennen.
Alle träumen von zu Hause
oder von der Mittagspause
und die Luft wird immer schwüler
und es dampft aus jedem Kühler.
Nur das Auto nicht verlassen,
nur die Ausfahrt nicht verpassen!

Welche Begleitung soll es sein?

Entscheidet selbst, welche Liedbegleitung ihr verwenden wollt.

Die vereinfachten Stimmen aus dem Original selbst musizieren

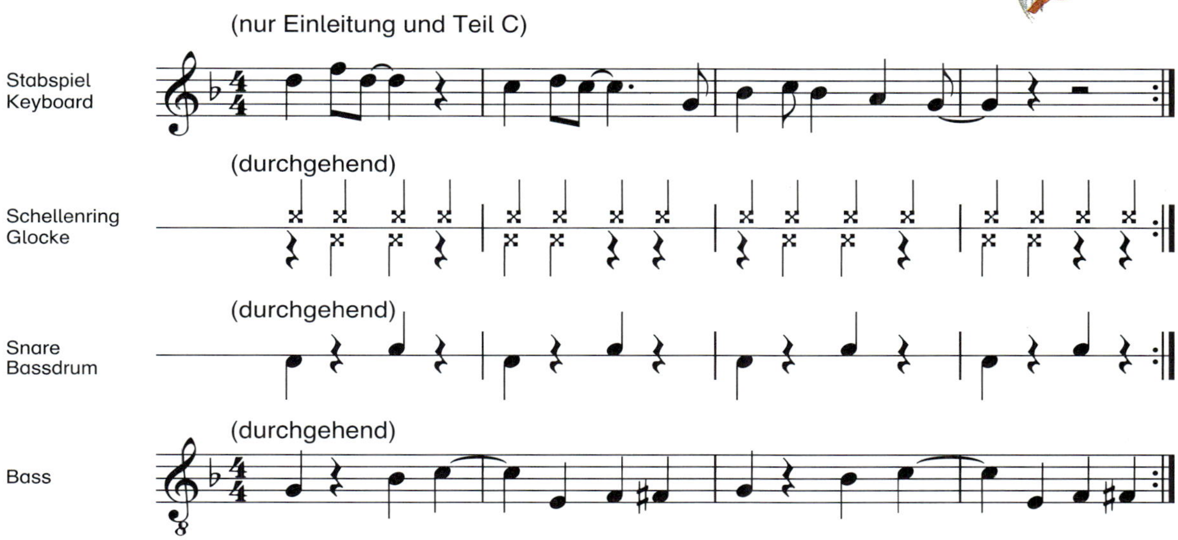

Sprechgesang zu verschiedenen Playbacks II/12–13

Die Playbacks stammen von zwei verschiedenen Hip-Hop-Stücken. Hip-Hop ist eine Musikrichtung, bei der nicht gesungen, sondern rhythmisch gesprochen wird.
Bei beiden Stücken beginnt euer Sprechgesang nach jeweils acht Takten.
Zu welchem Playback sprecht ihr besonders gern? Begründet eure Wahl.

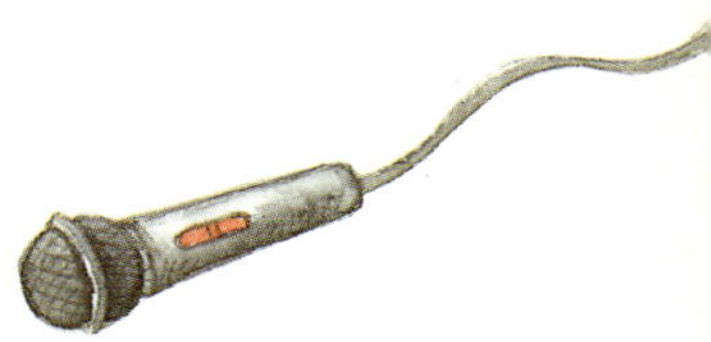

Eine eigene Begleitung erfinden

Spielt zuerst einen gleich bleibenden Rhythmus.
Entwerft dann eine kleine Bassfigur, die sich immer wiederholt.

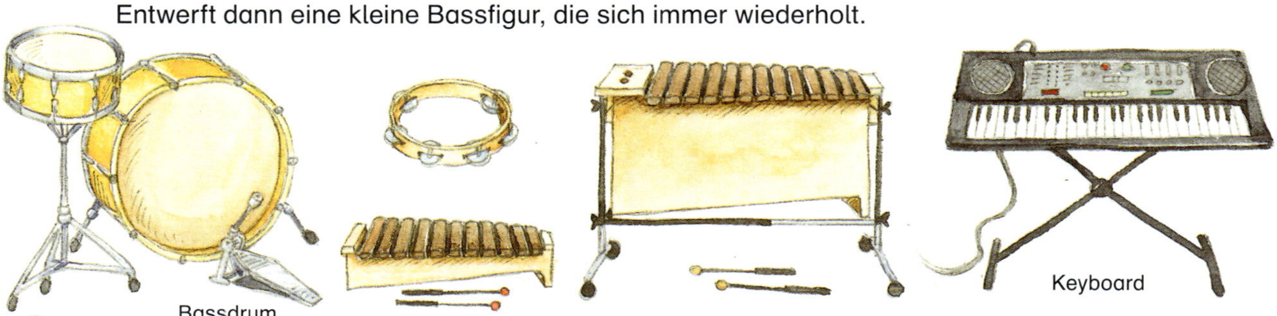

Yellow Submarine II/14–15

Melodie und Text:
P. McCartney und J. Lennon

3. And our friends are all on board, many more of them live next door.
   And the band begins to play:
4. As we live a life of ease, ev'ry one of us has all we need.
   Sky of blue and sea of green in our yellow submarine.

Übersetzung:

Das gelbe Unterseeboot

1. In der Stadt, in der ich geboren wurde, lebte ein Mann, der zur See fuhr. Er erzählte uns von seinem Leben im Land der U-Boote.
2. So sind wir zur Sonne gesegelt, bis wir das grüne Meer gefunden haben. Und wir lebten unter den Wellen in unserem gelben Unterseeboot.

Wir leben alle in einem gelben U-Boot …

3. Unsere Freunde sind alle mit an Bord, nebenan leben noch mehr von ihnen. Und die Band fängt zu spielen an:
4. Wir führen ein bequemes Leben und jeder (von uns) hat alles, was er braucht. Der Himmel ist blau, das Meer ist grün in unserem gelben U-Boot.

Geräusche zum Selbermachen

In dem Lied der Beatles
hört man nicht nur den Gesang
und die Begleitinstrumente,
sondern auch viele Geräusche,
die zu der Fahrt
im Unterseeboot passen.
Ihr könnt sie auch selber erzeugen.

Spielt die Geräusche von der zweiten Strophe an nach folgendem Ablauf.

2. Strophe Refrain		
3. Strophe		
Refrain		
4. Strophe		

Mädchen in dem Kreis

Melodie und englischer Text: mündlich überliefert
Satz und deutsche Textfassung: B. K.

Dieses Lied wird in fast allen englischsprachigen Ländern von Kindern gesungen und gespielt. Ursprünglich stammt es von der Insel Jamaica, die im Atlantischen Ozean vor Mittelamerika liegt.

(Von der zweiten Strophe an gelten die Stichnoten.)

2. Mach 'ne Bewegung,
komm schon, mach 'ne Bewegung.
Mach 'ne Bewegung
und wir machen alles einfach mit.

3. Dreh dich und tanze,
und dann such' dir einen Partner,
dreh' dich und tanze
du bist jetzt im Kreis nicht mehr allein.

4. Nimm und dreh den Partner,
tanz und dreh dich mit dem Partner,
nimm und dreh den Partner,
tanzt und dreht euch zusammen rundherum.

2. Show me a motion
come on, show me a motion,
show me a motion,
she looks like a sugar in a plum.

3. Turn and face your partner,
come on turn and face your partner,
turn and face your partner,
she looks like a sugar in a plum.

4. Wheel and take your partner,
come on, wheel and take your partner,
wheel and take your partner,
she looks like a sugar in a plum.

Ein Kreistanzspiel

»Mädchen in dem Kreis« ist ein Lied, zu dem man gut im Kreis tanzen kann. Auf der ganzen Welt sind solche Kreistanzspiele zu finden. Welche kennt ihr?

1. Stellt sie der Klasse vor und probiert aus, ob ihr sie zum Lied »Mädchen in dem Kreis« verwenden könnt.

In den USA gibt es ein Kreistanzspiel, das gut zu diesem Lied passt. So geht es:

Stellt euch zu Paaren nebeneinander im Kreis auf. Ein Mädchen steht allein in der Mitte. Während der ersten Strophe geht das Mädchen im Kreis herum und alle andern klatschen. In der zweiten Strophe macht das Mädchen eine Bewegung vor und alle machen sie nach. Bei der dritten Strophe holt sie sich einen Jungen in den Kreis. Nachdem die beiden zur vierten Strophe getanzt haben, bringt das Mädchen den Jungen zu seinem Platz zurück und stellt sich selbst neben ihn in den Kreis. Die vorherige Partnerin des Jungen geht nun in den Kreis.

Die Gruppe Boney M. hat aus dem Lied ein Disko-Stück gemacht. II/16–17

2. Achtet bei dieser Fassung darauf, welche Instrumente besonders gut zu hören sind.

3. Spielt die vereinfachte Begleitmusik zu dem Lied.

Dazu singt eine Schülerin oder ein Schüler den Liedtext und ein Chor singt zweistimmig das ›tralala‹ und ›plam plam‹.

Von Schlafmützen und Glockenspielen

Bruder Jakob

aus Frankreich
Texte: mündlich überliefert

Dieses französiche Lied vom ›Bruder Jakob‹
wird heute in vielen Ländern der Welt gesungen:

französisch:	türkisch:	englisch:
Frère Jacques, dormez vous? Sonnez les matines, dong, dong, dong!	Yakup usta, haydi kalk! Saatine birbak! Bom, bom, bom!	Are you sleeping, brother John? Morning bells are ringing, dong, dong, dong!

»Bruder Jakob« ist ein zweistimmiger Kanon.
Zwei Gruppen singen dabei die gleiche Melodie,
doch die zweite Gruppe beginnt mit dem Singen später als die erste.
Dadurch klingt das Lied zweistimmig.
Damit beide Stimmen gut zusammenklingen, darf die zweite Gruppe
nur an einer bestimmten Stelle einsetzen.
Diese ist über den Noten mit der Zahl 2 gekennzeichnet.

1. Stimme	Bru-	der	Ja-	Kob,	Bru-	der	Ja-	Kob!	Schläfst	Du	noch?		Schläfst	Du	noch?	
2. Stimme									Bru-	der	Ja-	Kob,	Bru-	der	Ja-	Kob!

Als dieses Lied entstand, wurden die meisten Menschen
vom Geläute der Kirchenglocken ihres Ortes geweckt, denn Uhren gab es kaum,
weil sie viel zu teuer waren.
Unserem Bruder Jakob war es aber wohl immer zu früh zum Aufstehen.
Auch vor 300 Jahren gab es eben richtige Schlafmützen.

Glockenturm in Esslingen

Schon früher wurden Glocken nicht nur dazu benutzt, die Stunden zu schlagen. Auf vielen Rathäusern und Kirchtürmen gibt es noch heute Glockenspiele, die richtige Melodien spielen.
Glockenspiele sind Instrumente, bei denen viele kleine Glocken angeschlagen werden.
Die Melodien können dabei auch mehrstimmig erklingen.

Orchesterglockenspiel

1. Hört euch die Beispiele an. II/18

Auch im Orchester wird häufig ein Instrument eingesetzt, das Glockenspiel heißt.
Hier werden Metallplättchen angeschlagen.
Ein ähnliches Instrument gibt es sicher auch in eurer Schule.

Lyra

In Spielmannszügen und Marschkapellen gibt es ein Instrument, das ›Lyra‹ genannt wird. Auch dieses Instrument ahmt den Klang der Glocken nach.

2. Den folgenden Kanon über ein Glockenspiel könnt ihr mit bis zu vier Stimmen singen.

Le Carillon – Das Glockenspiel

aus Frankreich
deutscher Text: B.K.
nach mündlicher Überlieferung

Der französische Komponist Georges Bizet (1838–1875) schrieb ein Orchesterstück, das er »Carillon« nannte. II/19
Verschiedene Instrumente spielen immer wiederkehrend drei ›Glockentöne‹.

3. Ihr könnt sie mitsingen oder auf Instrumenten mitspielen.

Ronja Räubertochter

Astrid Lindgrens Buch über das Mädchen Ronja handelt von der Tochter des Räuberhauptmannes Mattis und seiner Frau Lovis. Die drei wohnen zusammen mit der ganzen Räuberbande in einer Burg, die einst durch einen Blitzschlag in zwei Hälften geteilt wurde.
In dem einen Teil der Burg hausen Mattis und seine Räuber. In dem anderen Teil zieht eines Tages eine neue Räuberbande ein. Sie wird angeführt von Borka, dem ärgsten Feind von Mattis.
Borkas Sohn Birk ist genauso alt wie Ronja. Die beiden Kinder haben strengstes Verbot, sich zu sehen. Trotzdem freunden sie sich mit der Zeit an.

Eines Tages wird ihnen die Feindschaft ihrer Eltern zu bunt.
Sie beschließen, von zu Hause auszureißen und in einer Höhle zu wohnen.
Erst als die besorgten Eltern versprechen, dass sich Birk und Ronja jederzeit sehen dürfen, kehren sie nach Hause zurück. Daraufhin geben die Räuberbanden ihre Feindschaft auf und feiern gemeinsam ein großes Versöhnungsfest.

1. Hört euch die Musik an, zu der die Räuber tanzen, und denkt euch einen eigenen Tanz aus. II/20
2. Verkleidet euch zum Tanzen wie Räuber.

Erkennungsmelodien

Filme beginnen wie Hörspielkassetten fast immer mit einer Musik, die man sofort wiedererkennen soll, wenn man sie einmal gehört hat.

3. Welche eurer Hörspielkassetten haben eine solche Musik? Könnt ihr die Melodie vorsingen oder vorpfeifen?

In dem Film »Ronja Räubertochter« wird die ›Titelmusik‹ von einem ›Räuberchor‹ gesungen. Die Räuber singen aber nicht nur die Melodie, sondern auch noch drei Begleitstimmen. Dass das Lied keinen Text hat, stört sie nicht weiter. II/21

4. Hört euch den Chor an und singt selbst die Melodie mit. Die Begleitstimmen der Räuber könnt ihr auf euren Instrumenten mitspielen. II/22

Räuberchor

Musik: B. Isfält

Das Schrottorchester II/23

Melodie und Text: W. D. L.

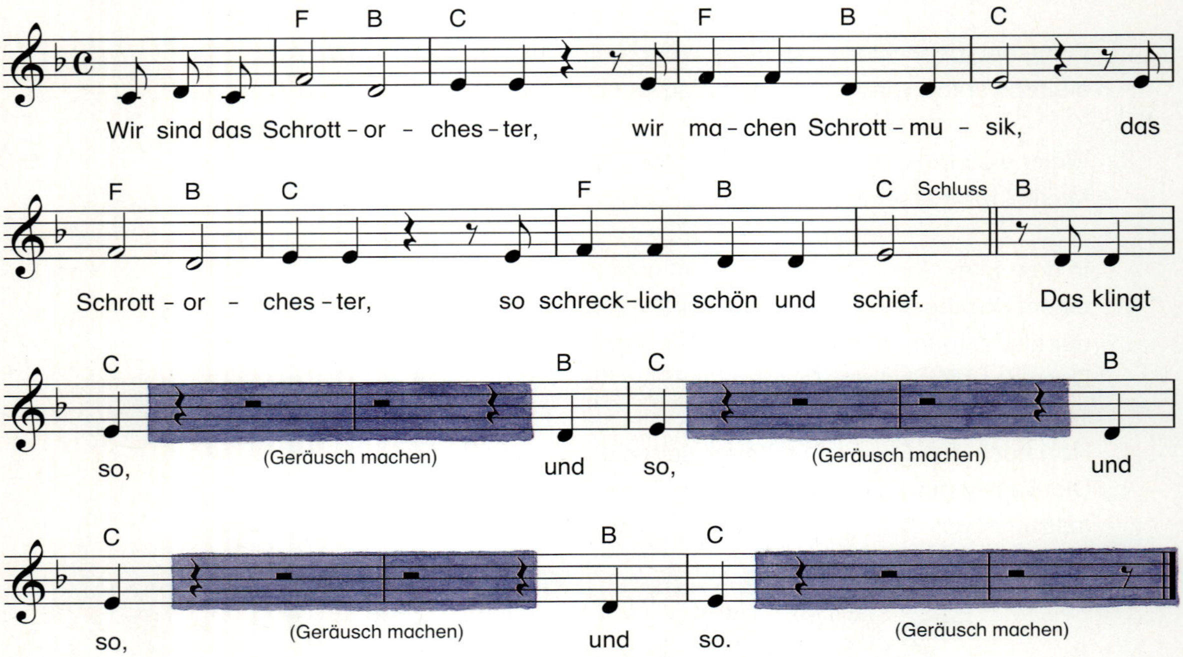

Man muss nicht unbedingt richtige Musikinstrumente haben, um Musik zu machen. Bei diesem Lied könnt ihr in den Pausen mit allen möglichen Gegenständen Klänge erzeugen, z. B. mit:

Flaschen, Tellern, Tassen, Gläsern …
Lineal, Papier, Bleistift, Gummiband …
Ästen, Stöcken, Steinen, Blättern …
Joghurtbechern, Dosen, Kartons …

Überlegt, wie man mit diesen oder anderen Gegenständen Klänge erzeugen kann, und probiert es aus:
– schlagen, klopfen, streichen, blasen, zupfen …

Man kann:
– leise oder laut spielen …
– viele oder wenige Klänge erzeugen …
– alleine oder zusammen mit anderen spielen …

Musizieren mit Alltagsgegenständen

Papier knüllen

Flaschen blasen

Steine klopfen

Draht anstreichen

Stöcke schlagen

Gummiband zupfen

Das klinget so herrlich – Die Zauberflöte

Es war einmal ein Prinz mit Namen Tamino. Eines Tages geriet er in das Reich der ›Königin der Nacht‹. Dort begegnete er einem lustigen Kerl: Papageno, dem Vogelfänger der Königin. Papageno war ein Mensch im Vogelkleid, und er trug einen Vogelkäfig auf dem Rücken.
Tamino erfuhr, dass Pamina, die Tochter der Königin, vom Herrscher Sarastro geraubt worden war. Er sah ein Bild von Pamina und verliebte sich sogleich in sie. Tamino wollte Pamina retten, und natürlich war auch Papageno mit von der Partie. Die Königin gab ihnen zum Schutz eine Zauberflöte und ein Zauberglockenspiel mit auf den Weg.
Kurz vor Sarastros Palast verloren sich Tamino und Papageno aus den Augen. Papageno versuchte nun alleine sein Glück, und es gelang ihm, Pamina zu finden. Sie wollten fliehen. Doch der Wächter Monostatos versperrte ihnen den Weg. Gerade befahl er seinen Sklaven, die beiden zu fesseln, als plötzlich eine Melodie erklang. Da begannen die Bösewichter augenblicklich zu tanzen, und sie sangen dieses Lied:

Musik: W. A. Mozart
Text: E. Schikaneder

Die ›Zaubermelodie‹

Papageno hatte sie mit seinem Glockenspiel verzaubert!
Singend und tanzend entfernten sich die Bösewichter. Pamina und Papageno waren frei!
Bald gesellte sich auch Tamino zu ihnen. Nach weiteren Abenteuern fanden alle ihr Glück. Pamina und Tamino konnten heiraten, und auch Papageno bekam eine Frau: seine ›Papagena‹.

Diese Geschichte stammt aus der »Zauberflöte«, der berühmtesten Oper von Wolfgang Amadeus Mozart.
Sie war von Beginn an beim Publikum sehr beliebt.
Die Bundespost hat zur »Zauberflöte« sogar eine Sonderbriefmarke herausgebracht.

1. Was könnt ihr darauf erkennen? Was kommt euch bekannt vor?

2. Singt die ›Zaubermelodie‹ Papagenos. Ihr könnt sie auch zweistimmig singen oder auf Instrumenten spielen.

3. Hört euch an, wie die Verzauberungsszene in der Oper klingt. II/24

4. Spielt das Geschehen zur Musik mit, ohne selber zu singen.

Dazu braucht ihr einen Monostatos, viele Sklaven, Pamina und Papageno. Zuerst umringen Monostatos und die Sklaven die beiden mit bedrohlichen Schritten und bösen Gesichtern, während Papageno und Pamina ängstlich sind. Dann spielt Papageno auf seinem Glockenspiel und schon ändern sich alle Bewegungen: Die Sklaven und Monostatos fangen an zu hüpfen und zu tanzen. Dabei entfernen sie sich. Pamina und Papageno werden wieder fröhlich und zuversichtlich.

Das Lied der Schlümpfe II/25–26

Musik: P. Kartner
deutscher Text: F. Dostal

2. Geht ihr denn durch einen Wasserhahn?
Wir gehen durch einen Wasserhahn.
Und auch durch ein Schlüsselloch?
Ja, auch durch ein Schlüsselloch.
Gibt es eigentlich sehr viele Schlümpfe?
Ja, so viel wie kaputte Strümpfe.
Finden Schlümpfe Tanzen fein?
Ja, aber nur auf einem Bein.

Refrain
(Nun singen alle gemeinsam:
»La, la, la ...«)

3. Warum seid ihr Schlümpfe klein?
Wir wollen gar nicht größer sein.
Nehmt ihr die Mützen mit ins Bett?
Ja, sonst sind wir nicht komplett.
Habt ihr auch Schulen in Schlumpfhausen?
Ja, da gibt es nur noch Pausen.
Was mögt ihr am liebsten tun?
Schlumpfen, ohne auszuruh'n.

Refrain
(Wieder singen alle gemeinsam:
»La, la, la ...«)

1. Hört euch das Lied an, und singt ebenso im Wechselgesang.

2. Versucht aus dem Hörbeispiel herauszuhören, wann der ›Badewannenschlumpf‹ seine Extra-Stimme singt.

3. Versucht, wie die Schlümpfe zweistimmig zu singen.

Der Flötenschlumpf darf am Anfang des Refrains alleine spielen. Ihr könnt dasselbe auf einer Blockflöte tun.

4. Achtet beim Flöten auch auf das richtige Anblasen.

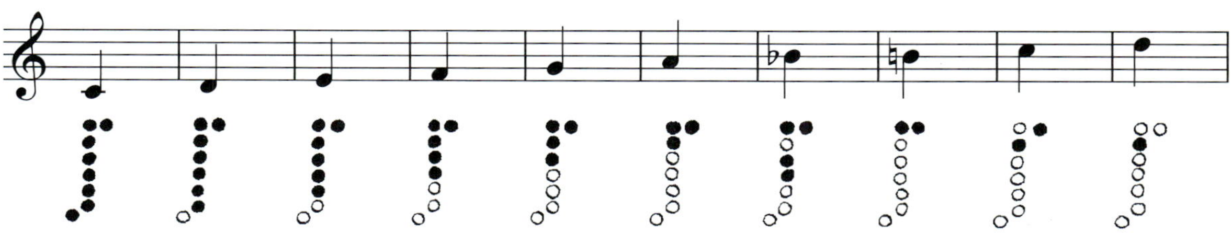

Die gefräßige Ameise

Die Geschichte von der gefräßigen Ameise wird in dem afrikanischen Land Nigeria von Kindern gespielt und gesungen.

In dem Lied geht es um Folgendes:

Die Ameise hat eine Falle aufgebaut. Nun sitzt sie vor ihrer Hütte und lauert auf den Braten. Ihre Freunde denken, dass sie mit jeder gut schmeckenden Beute zufrieden sei. Aber weit gefehlt! Die Ameise interessiert sich nämlich nicht für kleine Tiere. Gefräßig wie sie ist, wartet sie auf einen großen Elefanten. Davon haben die Freunde der Ameise aber keine Ahnung.
Sie berichten ihr jedes Mal ganz aufgeregt, wenn ein Tier in der Falle sitzt. Zuerst ist es eine winzige Grille. Die Ameise gähnt und schenkt sie einem ihrer Freunde, der vor Freude um die Hütte tanzt. Bald geraten immer größere Tiere in die Falle. Doch alle sind zu klein für die Ameise, und sie gibt sie an ihre Freunde ab. Diese wundern sich ein bisschen, tanzen aber jedes Mal freudig um die Hütte herum.
Endlich kommt der große Augenblick: Der Elefant ist gefangen!
Die Ameise stürzt sich auf ihn und verschlingt ihn samt Ohren und Rüssel!

1. Singt und spielt das Lied.

   Ihr könnt die Melodie auf einem Xylofon, einem Glockenspiel, einem Klavier, einem Keyboard oder einer Blockflöte mitspielen.

2. Verwendet für das Spiel auch eure eigenen Stofftiere. Sucht verschieden große Tiere aus und benutzt deren Namen beim Singen des Liedes.

Ameise, Ameise II/27–28

mündlich überliefert aus Nigeria
deutsche Textfassung: V. Schütz

Zwischenspiel: Begleitstimmen und Chor. Das erste Kind tanzt dazu.

2. Strophe: Zweites Kind singt z. B. »'ne kleine Maus«.

Zwischenspiel: Begleitstimmen und Chor. Das zweite Kind tanzt dazu usw.

Begleitstimmen

Wås is heit für a Tåg?

mündlich überliefert aus Oberbayern

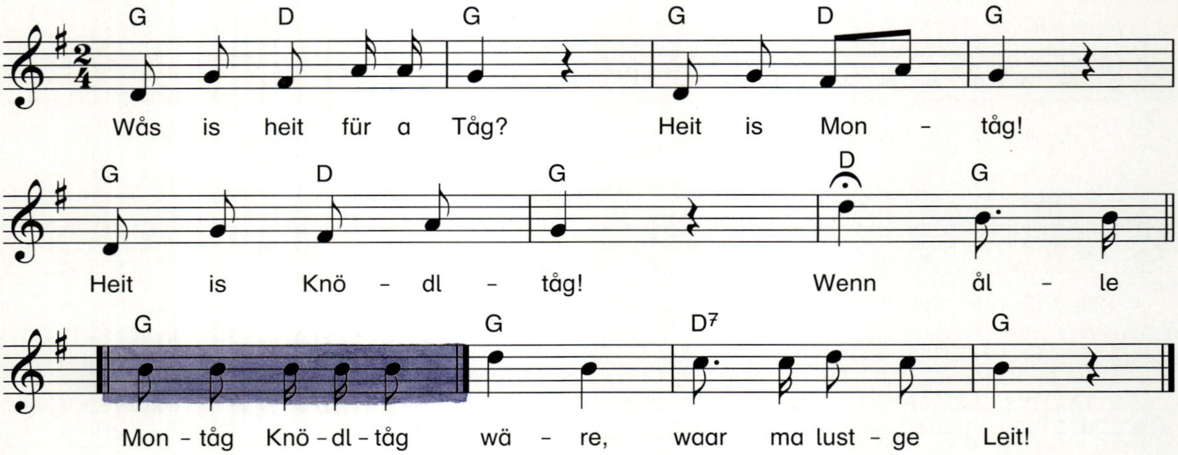

2. Wås is heit für a Tåg? Heit is Dienstag! Heit is Nudltåg!
Wenn ålle Montåg Knödltåg, Dienståg Nudltåg wäre, waar ma lustge Leit!

3. Wås is heit für a Tåg? Heit is Mittwoch! Heit is Strudltåg!
Wenn ålle Montåg Knödltåg, Dienståg Nudltåg, Mittwoch Strudltåg wäre, waar ma lustge Leit!

4. Wås is heit für a Tåg? Heit is Donnerståg! Heit is Krauttåg!
Wenn ålle Montåg Knödltåg, Dienståg Nudltåg, Mittwoch Strudltåg, Donnerstag Krauttåg wäre, waar ma lustge Leit!

5. Wås is heit für a Tåg? Heit is Freitåg! Heit is Fasttåg!
Wenn ålle Montåg Knödltåg, Dienståg Nudltåg, Mittwoch Strudltåg, Donnerstag Krauttåg, Freitåg Fasttåg wäre, waar ma lustge Leit!

6. Wås is heit für a Tåg? Heit is Samståg! Heit is Zoihtåg!
Wenn ålle Montåg Knödltåg, Dienståg Nudltåg, Mittwoch Strudltåg, Donnerstag Krauttåg, Freitåg Fasttåg, Samståg Zoihtåg wäre, waar ma lustge Leit!

7. Wås is heit für a Tåg? Heit is Sonntåg! Heit is Bratntåg!
Wenn ålle Montåg Knödltåg, Dienståg Nudltåg, Mittwoch Strudltåg, Donnerstag Krauttåg, Freitåg Fasttåg, Samstag Zoihtåg, Sonntåg Bratntåg wäre, waar ma lustge Leit!

Der farbig gekennzeichnete Liedteil wird in jeder Strophe länger.

Dort, wo Dialekt gesprochen wird, findet man in der Volksmusik häufig Gstanzl. Das sind Lieder, in denen auf humorvolle Weise Geschichten aus dem Alltagsleben erzählt werden.

Das Zeichen »å« steht für einen Laut des bayerischen Dialekts, in dem sich a und o vermischen.

Die Menschen früher kannten die üppige Speisenfolge heutiger Tage nicht. Es war gang und gäbe, dass nur am Sonntag Fleisch gegessen wurde. Auch sonst war der Speiseplan eher eintönig. Noch im vorigen Jahrhundert bezeichneten Engländer und Amerikaner die Deutschen als ›Krauts‹. Sie hatten nämlich beobachtet, dass man hierzulande weitaus öfter Kraut – vor allem Sauerkraut – aß als in ihren eigenen Heimatländern.

1. Singt das alte Lied von Kraut und Rüben.
Mit welchen Speisen müsst ihr das Lied singen, damit es auf euch selbst zutrifft?

Kraut und Rüben II/29

mündlich überliefert

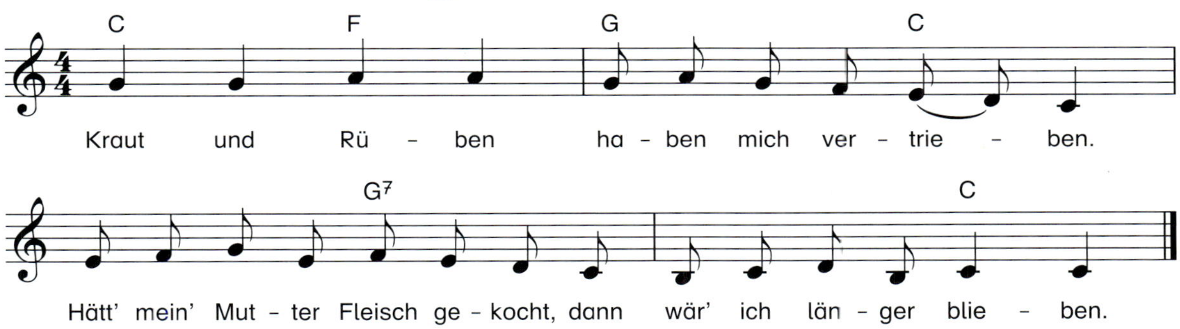

Den ersten Teil des Liedes »Kraut und Rüben« verwendet der Komponist Johann Sebastian Bach am Ende eines großen Werkes für Klavier, den Goldberg-Variationen. Es besteht aus 30 Einzelstücken und in dem allerletzten erklingt die Melodie zu den Worten »Kraut und Rüben haben mich vertrieben.«
Die Melodie erklingt sehr versteckt und in verschiedenen Tonlagen.

2. Versucht herauszufinden, wann und wie oft sie gespielt wird.

Johann Sebastian Bach lebte von 1685–1750.

Nüsse schütteln

Melodie und Text: K. Plenzat

2. Ging ein Weiblein Himbeer’n pflücken,
Himbeer’n pflücken, Himbeer’n pflücken;
riss die Krinolin in Stücken,
riss in Stücken, rums. (2-mal)

3. Hat nicht bloß den Rock zerrissen,
Rock zerrissen, Rock zerrissen;
wird die Schuh auch flicken müssen,
flicken müssen, rums. (2-mal)

1. Spielt das ›rums‹ auf vielen Instrumenten, Gegenständen oder anderen Klangerzeugern mit.
2. Zeichnet beim Singen des Liedes den Verlauf der Melodie in der Luft mit.
3. Findet dabei heraus, welche zwei Teile sich deutlich voneinander unterscheiden.
   Sie sind mit den Buchstaben A und B gekennzeichnet.
   Der Liedteil A ist noch einmal unterteilt:
   Der Anfang der Melodie wird wiederholt, wobei der Schluss etwas anders ist.
   Diese veränderte Wiederholung nennt man A’.
4. Findet selber heraus, warum es auch im B-Teil ein B’ gibt.

Das Weiblein hat für die Jungen eine Aufgabe vorbereitet:

Jeden der vier Melodieabschnitte hat sie auf eine Karte geschrieben.
Da sie aber keine Noten schreiben kann,
verwendet sie stattdessen Striche.
Wenn die Melodietöne tiefer werden, gehen die Striche in Stufen nach unten.
Werden die Töne höher, steigen die Striche nach oben.

Die Jungen sollen nun die vier Abschnitte so sortieren,
dass die richtige Melodie vom »Nüsse schütteln« dabei herauskommt.

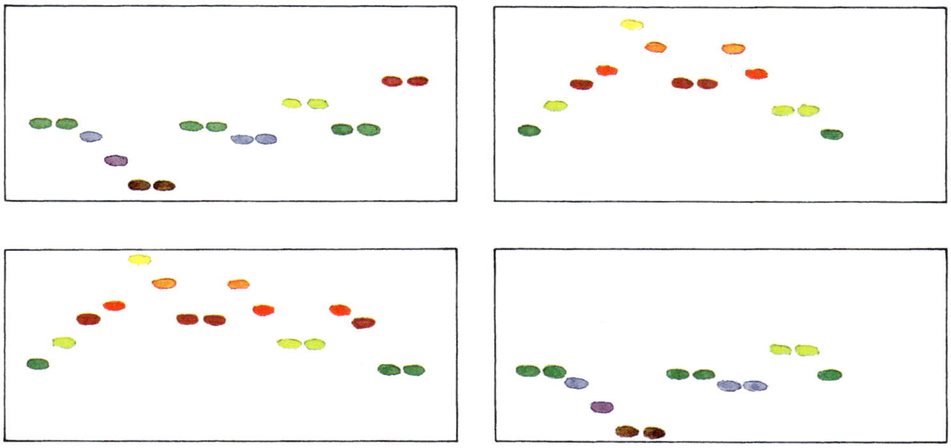

Die Jungen haben leider nicht ganz richtig sortiert!

5. Findet ihr den Fehler? Achtet auf den Schluss jeder Zeile!

Das Weiblein und die Jungen haben sich zu ihrem Lied einen Tanz ausgedacht.

Bei dem Wort ›rums‹ stampfen jedes Mal alle mit den Füßen auf.

6. Tanzt diesen Tanz beim Singen des Liedes.
Ihr könnt euch auch andere Tanzmöglichkeiten ausdenken.

Franjo III/1

Musik: M. Sarholz/W. Meier
Text: W. Meier/M. Sarholz

2. Nachmittag, Fußball und der Franjo is' dabei.
»Schau, der spielt barfuß, ohmei!«
Trotzdem hat er koan schlechten Schuss,
dass da Toni im Tor ganz schee nachgreifa muss.
Nach'm Spiel rennen s' alle zum Wirt,
weil der Valentin heut' was spendiert:
»Den Zehner, den hat mir der Opa g'schenkt,
der g'hört vernünftig ausgeb'n, hob i mir denkt.«
Dann hocken s' da auf der Wiesn im Kreis,
und a jeder schleckt an sei'm Eis.
Alle schaun sich einfach so o,
da lacht er auf amoi, da Franjo!

3. Oft bei der Nacht, da liegt da Franjo no' wach.
Weinen? Na, weinen muss er net.
Er schaut an die Deckn über sei'm Bett.
Die Bilder von dahoam, die ziehn da vorbei:
Die Oma, seine Freund', alle san s' dabei.
Nach den Ferien geht auch für'n Franjo,
wie für alle, die Schul' wieder o.
Für die andern g'hört er scho' dazua
und seit gestern hat er a Fuaßballschuah.

Schau, Franjo, irgendwann
geht jeder Krieg vorbei.
Jetzt bleibst halt einfach bei uns,
jetzt bleibst halt bei uns derwei.

1. Hört euch das Lied von Franjo an
und lest den Text mit.
Erzählt in eigenen Worten, was dem Jungen passiert ist.
Sprecht auch über Traurigkeit und Hoffnung in dem Lied.
Woran erkennt ihr, dass Franjo manchmal traurig ist?
Wie drückt sich die Hoffnung in dem Lied aus?

2. Achtet auf die Musik.
Findet heraus, warum sie so traurig klingt.
Welche Instrumente sind deutlich zu hören?
Wie ist das Tempo der Musik?
Wie singt die Sängerin?

Maikäfer, flieg!

mündlich überliefert

Hört euch dieses alte Kinderlied an und findet heraus, welche Stelle in »Franjo« übernommen wurde.
Findet Gründe, warum an dieses Lied erinnert wird.

Weltweit sind 25 Millionen Kinder auf der Flucht vor Krieg, Verfolgung und Hunger.
In Deutschland leben ungefähr 220 000 Flüchtlingskinder, davon mussten sich 5 000 bis 10 000 Kinder alleine, ohne Eltern und Verwandte, bis zu uns durchschlagen.

Musik: L. Edelkötter
Text: J. Richter

Dass uns Gott behüte III/2–3

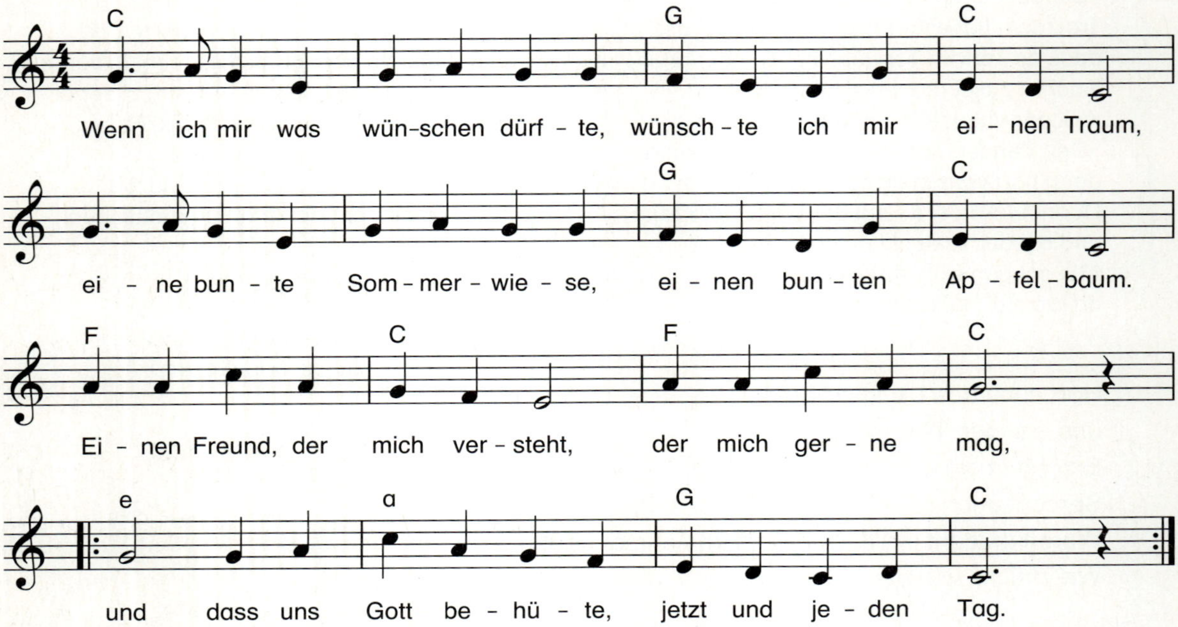

2. Wenn ich mir was wünschen dürfte,
wünschte ich mir großen Mut,
dass ich niemals ängstlich wäre,
leben könnte stark und gut.
Will nicht wüten, will nicht streiten,
weil ich das nicht mag,
und dass uns Gott behüte,
jetzt und jeden Tag.

3. Wenn ich mir was wünschen dürfte,
wünschte ich der ganzen Welt
einen großen, bunten Frieden,
der für immer alle hält.
Und dass niemand Hunger hätte,
alle wären satt,
und dass uns Gott behüte,
jetzt und jeden Tag.

Was wünscht ihr euch?
Schreibt eure Wünsche auf.
Versucht, daraus neue Strophen zu bilden.

Echt elefantastisch III/4–5

Musik: H. Heizmann
Text: A. Gralle/H. Heizmann

2. Und die Fische murmeln leise,
jeder Fisch auf seine Weise.
In dem Stall, da brüllen Kühe,
geben sich die größte Mühe. Oh!

3. Und dann erst die Kinderstimmen,
wenn sie frech und fröhlich klingen!
Melodien rauf und runter.
Tolle Lieder machen munter. Oh!

Die beiden Lieder handeln
von Gott und seiner Welt.
Denkt euch neue Strophen aus.

Beispiel:
Und die nagelneue Seilbahn
auf dem Spielplatz kommt sehr gut an.
Hui, da geht's mit Schwung hinunter
und das Lied klingt wieder munter. Oh!

Eine musikalische Schlittenfahrt

In der »Musikalischen Schlittenfahrt« von Leopold Mozart wird dargestellt, wie Pferde gleichmäßig traben und dabei viele Glöckchen klingeln. III/6

Schellenkranz (selbst gebastelt)

1. Stellt euch vor, wie die Pferde einen großen, gemütlichen Schlitten ziehen und die Glöckchen an ihrem Zaumzeug und am Schlitten bei jedem Schritt bimmeln.

2. Versucht, zu dem Stück genau im Tempo der Pferde zu laufen.

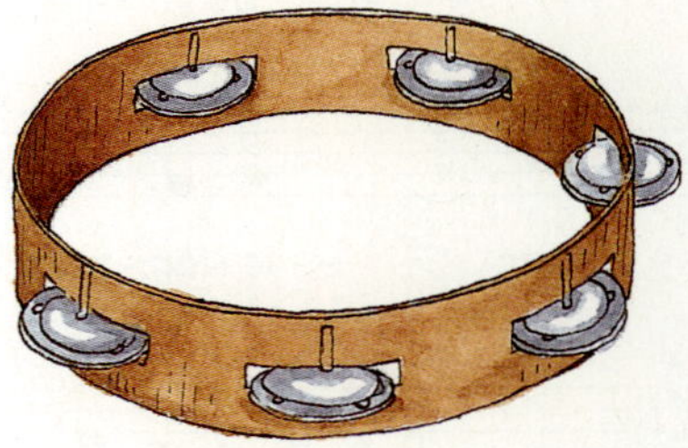
Schellenring

Zum Nachahmen dieses Schlittengeläutes gibt es richtige Schlittenglocken. Man kann aber auch ein Schellenband, einen Glockenkranz oder einen Schellenring verwenden.

In der »Musikalischen Schlittenfahrt« werden die Glöckchen im Grundschlag der Musik gespielt.

3. Klatscht oder spielt im Grundschlag auf euren Instrumenten zum Hörbeispiel.

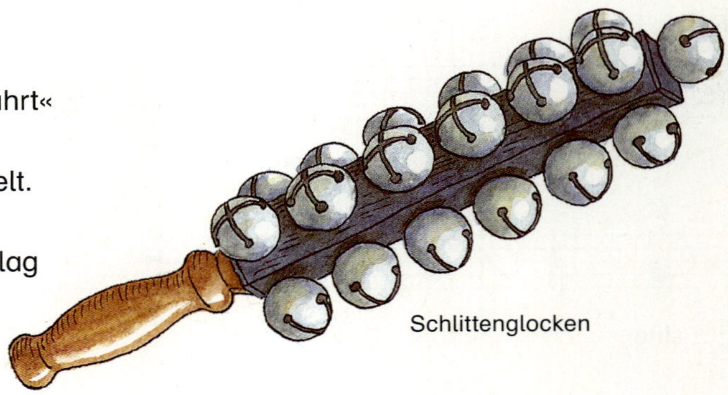
Schlittenglocken

Leopold Mozart

Der Geiger und Komponist Leopold Mozart (1719 – 1787) war der Vater von Wolfgang Amadeus Mozart. Seine »Musikalische Schlittenfahrt« wurde das erste Mal in Augsburg aufgeführt. Ein Jahr vor diesem Konzert hatte dort eine große Schlittenfahrt vor vielen Zuschauern stattgefunden. Vielleicht erinnerten sich die Leute an dieses Ereignis, als sie das Stück von Leopold Mozart hörten.

Schellenband

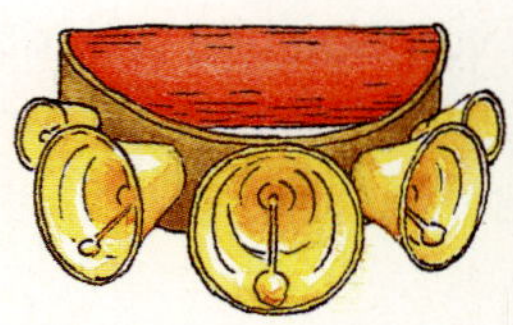
Glockenkranz

In der Zeit Leopold Mozarts fanden im Winter häufig festliche Schlittenfahrten statt. Die Schlitten wurden meistens zu einem bestimmten Thema geschmückt, wie zum Beispiel »Die vier Jahreszeiten«.

Zur Vorbereitung einer solchen Schlittenfahrt bekamen die Kinder an vielen Schulen sogar schulfrei! Wenn der Umzug begann, war die ganze Stadt auf den Beinen, um sich die Schlitten anzuschauen. Programme wurden verteilt, Stände mit Leckereien aufgestellt – dann fuhren die Schlitten in einem langsamen Zug in schönen Figuren durch die Stadt.

4. Beschreibt, was ihr auf dem Bild seht.

5. Überlegt euch selbst Figuren und probiert sie zum Grundschlag der Musik aus.

Hier rockt's

In der Rockmusik werden vor allem elektrisch verstärkte Instrumente verwendet, wie z. B. die E-Gitarre, der E-Bass und das Keyboard.
Eine sehr wichtige Rolle spielt bei dieser Musik aber auch das Schlagzeug.

Hier hört ihr den Beginn von drei Stücken, bei denen jeweils der Grundschlag mit der Kuhglocke markiert wird.
Die Kuhglocke wird gerne verwendet, um deutliche Akzente zu setzen. III/7

Kuhglocke

1. Spielt den Grundschlag auf geeigneten Instrumenten mit oder klatscht einfach dazu.

2. Welche Instrumente könnt ihr bei den Ausschnitten deutlich heraushören?

E-Gitarre III/8

Diese Gitarre wird elektrisch verstärkt. Deshalb heißt sie ›E‹-Gitarre, also ›elektrische‹ Gitarre. Ein Kabel verbindet sie mit einem Verstärker, aus dem die Töne viel lauter herauskommen, als sie auf der E-Gitarre ohne Verstärker gespielt werden. Man kann auch unterschiedliche Klangfarben einstellen.

E-Gitarre

3. Versucht, bei dem Hörbeispiel die Klangfarben zu beschreiben.

Bass-Gitarre III/9

Auch diese Gitarre wird elektrisch verstärkt. Sie heißt Bass-Gitarre, weil man auf ihr die tiefen Töne, also die Basstöne, spielt. In einer Rockband hört man die Bass-Gitarre meist nicht besonders deutlich heraus. Manchmal spielt sie jedoch auch auffällige Basstöne.

Bass-Gitarre

Keyboard III/10

Auf einem Keyboard spielt man wie auf einem Klavier. Das Keyboard ist ein elektrisches Instrument, das über viele Möglichkeiten verfügt, den Klang der Töne zu verändern.

Keyboard

4. Schreibt auf, in welcher Reihenfolge die folgenden Klänge verwendet werden: Kirchenorgel, Flugzeugmotor, Glocken, Panflöte, Klavier, Wasserblubbern.

Schlagzeug III/11

Dieses Instrument besteht aus mehreren Einzelinstrumenten.

Schlagzeug

5. Verfolgt die Hörbeispiele und zeigt auf das jeweils klingende Instrument.

6. Stellt euch vor, ihr sitzt an dem abgebildeten Schlagzeug. Spielt zu den Beispielen die entsprechenden Instrumente mit, indem ihr an der richtigen Stelle in die Luft schlagt.

Tempo-Tempo!

Weg da, weg! III/12–13

Musik: H. v. Veen/E. v. d. Wurff
Text: T. Woitkewitsch (1. Str.)
– B.K. (2., 3. Str.)

(In schnellem Tempo zu singen)

(In mittlerem Tempo zu singen)

2. Das hält ja keiner aus, man wird noch ganz verrückt,
wir machen diese Hektik nicht mehr mit.
Wie wär's mal ganz normal, mal ohne Stress und Qual?
So kommt man doch auch vorwärts und zurück!
Wir können recht gemütlich hier und da mal hinschau'n
und uns unterhalten.
Das kleine bisschen Zeit zum Plaudern, Schaudern, Necken,
Schlecken tut uns gut!

(In langsamem Tempo zu singen)

3. Jetzt häng'n wir nur noch rum und schlaffen völlig ab,
wir träumen vor uns hin und fühl'n uns schlapp.
Ganz langsam geht's voran, wir setzen jeden Schritt
in aller Ruhe und mit viel Bedacht.
Ach, ist das angenehm, sich in dem Schneckentempo
vorwärts zu bewegen.
Wir ruhen uns gleich wieder aus und schlafen,
ohne es zu merken, ein.

1. Singt jede Strophe im angegebenen Tempo.

2. Teilt euch in zwei Gruppen auf. Ein Teil singt das Lied und der andere Teil spielt die Leute so, wie sie in dem Lied beschrieben werden.

So, wie wir uns mal schneller oder langsamer fortbewegen, verhält es sich auch mit dem Tempo in der Musik. Auch hier gibt es viele verschiedene Tempi, die von sehr langsam bis sehr schnell reichen.

3. Hört euch die Ausschnitte der Hörbeispiele an.
Wie würdet ihr das jeweilige Tempo nennen?

III/14–18

Das Metronom

Damit Komponisten das Tempo ihrer Musik genau festlegen können, hat der Erfinder Johann Nepomuk Mälzel (1772–1838) das Metronom entwickelt. Es funktioniert so:
An dem Gehäuse ist eine Stange befestigt, die beim Hin- und Herpendeln ein Ticken erzeugt. An dieser Stange befindet sich ein Gewicht, das sich nach oben und unten verschieben lässt. Je weiter unten das Gewicht sitzt, desto schneller bewegt sich das Pendel und desto schneller tickt es auch.
An dem Gehäuse befindet sich außerdem eine Zahlenreihe, die angibt, wie viel Schläge in der Minute das Pendel tickt. Diese Schläge geben das Tempo des Grundschlages an, in dem die Musik gespielt wird.

Ihr könnt euer Tempo aber auch ohne ein Metronom messen.

Dazu braucht ihr einen ›Schrittmacher‹, einen ›Zeitstopper‹ und einen ›Aufschreiber‹. Diese Personen wechseln nach jedem Durchgang.
Die anderen Kinder stehen in einem großen Kreis.
Der ›Schrittmacher‹ geht in ihrer Mitte im gleichmäßigen Tempo. Wenn er losgeht, fängt der ›Zeitstopper‹ an, mit einer Uhr die Länge einer Minute zu messen. Währenddessen zählen die Kinder die Anzahl der Schritte mit.
Nach einer Minute notiert der ›Aufschreiber‹, wie viele Schritte der ›Schrittmacher‹ in dieser Zeit gegangen ist.
Der nächste ›Schrittmacher‹ sollte möglichst in einem anderen Tempo gehen.

Einfach tierisch! – Karneval der Tiere

Der französische Komponist und Klavierlehrer Camille Saint-Saëns (gesprochen »kamij sen-san«, »en« und »an« werden durch die Nase gesprochen) hatte eine ›tierisch‹ gute Idee, um seinen Schülern mehr Spaß beim Üben zu bereiten.
Er dachte sich Klavierstücke aus, in denen Tiere musikalisch dargestellt werden.
Später machte Saint-Saëns daraus 14 Stücke für zwei Klaviere und kleines Orchester und nannte sie »Karneval der Tiere«.
Die erste Aufführung fand während des Faschings im Jahre 1886 statt.
Saint-Saëns selbst spielte an einem der beiden Klaviere mit.

1. Hört euch drei Ausschnitte an und versucht sie den Bildern zuzuordnen. III/19–21

2. Stellt selbst den ›königlichen Marsch des Löwen‹, das Toben der ›Wilden Esel‹ und den ›Tanz der Schildkröten‹ zur Musik dar.

3. Findet anhand der Tempobezeichnungen heraus, welches Klangzeichen zu welchem Tier gehört.

sehr schnell

mittelschnell

weniger schnell

4. Spielt nach den Klangzeichen zu den entsprechenden Hörbeispielen.

Die ›Wilden Esel‹ toben in diesem Klavierstück in rasendem Tempo über die Tasten. Dabei passiert im Klavier Folgendes: Wenn der Spieler eine Taste anschlägt, setzt er ein Hämmerchen in Bewegung, das dann auf eine Saite trifft. Die Saite gerät durch den Schlag in Schwingungen – und ein Ton erklingt.

Klavier

Wegen dieser Art der Tonerzeugung gehört das Klavier zu den ›Tasteninstrumenten‹.

Eine besondere Art des Klaviers ist der Flügel, den man wegen seines Aussehens so nennt.

Flügel

Für die Schildkröten dachte sich Saint-Saëns etwas Lustiges aus. Er veränderte für sie einen Tanz, der sonst besonders schnell und wild ist, einen ›Can Can‹.
Ihnen zuliebe verlangsamte er das Tempo der Musik so sehr, dass auch sie diesen damaligen Modetanz gemächlich ausführen können.
Die Melodie des ›Can Can‹ war zu Lebzeiten des Komponisten so bekannt, dass ›die Spatzen sie von den Dächern pfiffen‹.

III/22

Beim ›Can Can‹ schwingen die Tänzerinnen ihre Beine abwechselnd in schnellem Tempo auf und ab.

5. Versucht, selber in dieser Art zur Musik zu tanzen.

In der Halle des Bergkönigs

In Norwegen gibt es ein altes Märchen, das von dem mutigen Jäger Peer Gynt aus dem Gudbrandstal handelt. Der norwegische Schriftsteller Henrik Ibsen machte aus diesem Märchen ein Theaterstück, in dem Peer Gynt jedoch kein Held mehr ist, sondern ein eingebildeter Angeber, der immer wieder an der Nase herumgeführt wird. So prahlt er zum Beispiel gegenüber einer Frau, dass er der beste Mann für sie sei. Er weiß nicht, dass diese Frau die Tochter des Königs der Trolle ist.
Trolle sind der Sage nach böse, Menschen fressende Riesen, die oft auch mehrere Köpfe haben. Sie verurteilen jeden Menschen zum Tode, der sich an eine Trollfrau heranwagt. Peer Gynt steht Schlimmes bevor!
Nachdem er zusammen mit ›seiner‹ Trollfrau auf einem Schwein in die Halle des Bergkönigs geritten ist, muss sich Peer Gynt vor dem König der Trolle rechtfertigen. Die versammelten Trolle und Trollkinder verhalten sich erst ruhig und beobachten alles misstrauisch. Allmählich werden sie erregter und bedrohen Peer Gynt schließlich. Je stärker sie auf ihn losgehen, desto wilder werden ihre Schreie. Doch da ruft der Bergkönig mit Donnerstimme: »Eis euch ins Blut!« und beruhigt so die erhitzten Gemüter der Trolle. Peer Gynt ist gerettet und verlässt unversehrt die Halle des Bergkönigs.

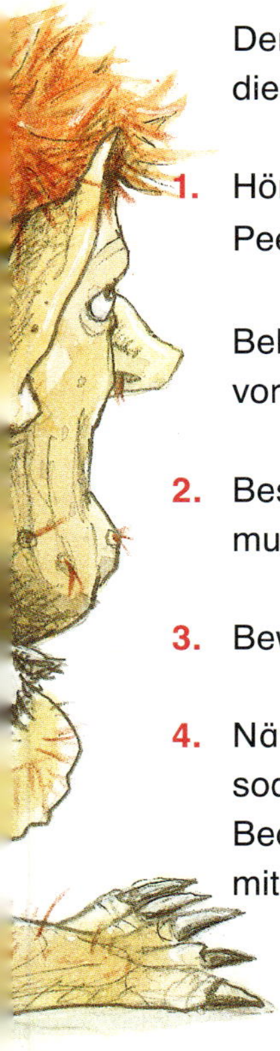

Der Komponist Edvard Grieg hat zu diesem Theaterstück die Musik geschrieben.

1. Hört euch die Bühnenmusik an und stellt euch dabei den bedrohten Peer Gynt, den Bergkönig auf seinem Thron und die Trolle vor. III/23

Bekannt wurde die Musik »In der Halle des Bergkönigs« vor allem als reines Orchesterwerk. III/24

2. Beschreibt, wie Edvard Grieg die zunehmende Erregung der Trolle musikalisch darstellt. Achtet dabei besonders auf die Veränderung des Tempos.

3. Bewegt euch wie die Trolle vor dem Bergkönig und um ›Peer Gynt‹ herum.

4. Nähert euch langsam und beschleunigt euer Geh-Tempo genau zur Musik, sodass ihr ins Laufen kommt.
Bedroht den verängstigten ›Peer Gynt‹ bei den peitschenden Schlusstönen mit heftigen Bewegungen. Berührt ihn aber nicht!

Einfach taktvoll!

Schinderassa rum-ta-ta

1. Stellt euch wie eine Kapelle auf und tut so, als ob ihr die Instrumente spielen würdet. Sprecht im Gehen die Klangsilben. Dabei betont ihr automatisch bestimmte Silben.

2. Welcher Schlag wird besonders betont?

Schin-de-rassa, Rum-ta-ta, Ram-ta-ta-tam und Ruff-ta-ta

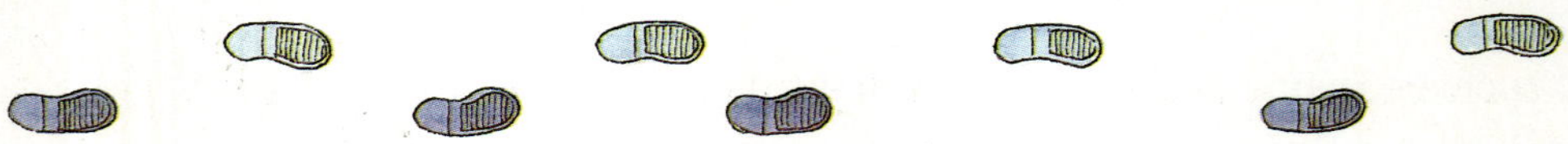

Solche regelmäßigen Betonungen in der Musik nennt man Takt.

Es gibt

den 2er-Takt, 

den 3er-Takt, 

den 4er-Takt, 

und viele weitere Taktarten.
In der Notenschrift erkennt man den Takt an den Taktstrichen.
Sie zeigen, dass ein Abschnitt zu Ende ist und der nächste Schlag wieder betont wird.

3. Um welchen Takt handelt es sich? 

Tomatensalat III/25

mündlich überliefert

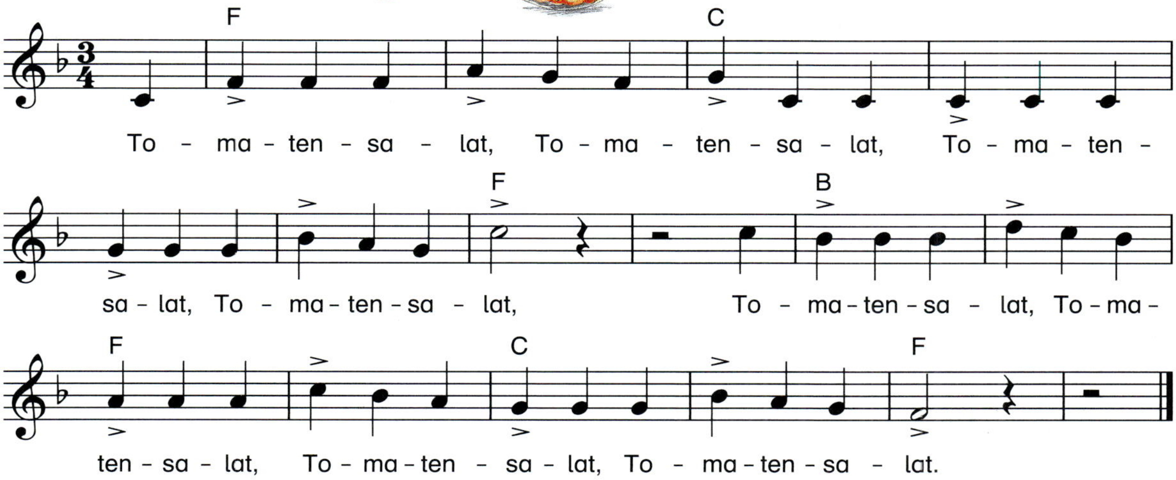

1. Singt das Lied und betont besonders deutlich jede erste Silbe im Takt. Warum ist es gar nicht so einfach, dieses Lied zu singen?

2. An welchen Stellen im Lied stimmen die Betonungen im Wort ›Tomatensalat‹ mit den Betonungen in der Melodie überein?

Beginnt ein Lied oder ein Musikstück mit einem unvollständigen Takt, dann ist dies ein Auftakt. Genauso wie bei vielen Wörtern die erste Silbe unbetont gesprochen wird (zum Beispiel bei ›Tomate‹ und ›Salat‹), ist auch der Auftakt unbetont.

3. Welche der folgenden Wörter werden auftaktig gesungen und welche nicht?

4. Denkt euch andere zusammengesetzte Wörter mit vier oder fünf Silben aus und singt damit das Lied.

Musik und Tanz bei den Indianern

Als der Seefahrer Christoph Kolumbus 1492 ein neues Land entdeckte, glaubte er, in Indien zu sein. Deshalb nannte er die Menschen, die er dort antraf, Indianer. Heute wissen wir, dass Kolumbus gar nicht in Indien gelandet war, sondern Amerika entdeckt hatte.

Christoph Kolumbus

Indianer beim Schlangentanz

Für die ›Indianer‹, die dieses riesige Land bewohnten, hatten jede Pflanze und jedes Tier ihren festen Platz in der Natur. Deshalb nahmen sie sich davon nur so viel, wie sie unbedingt zum Leben brauchten. Die Indianer glaubten fest daran, dass man mit Musik und Tanz zu den Geistern und den Kräften der Natur sprechen könne. Wenn zum Beispiel ein Indianerstamm hungerte, weil keine Büffelherden in der Gegend waren, dann wurde getanzt, um die Büffel anzulocken. Genauso tanzte man, um es regnen zu lassen, um Kranke zu heilen, um Kämpfe zu gewinnen und zu vielen anderen Gelegenheiten.

Die Tänze der Indianer werden vor allem mit Trommeln und Rasseln begleitet. Zusätzlich wird häufig auch gesungen und auf Flöten gespielt. Die drei wichtigsten Grundschritte der Tänze könnt ihr leicht lernen.

III/26

Durch die weißen Eroberer wurden die Indianer in grausamen Kriegen immer weiter aus ihren Wohngebieten vertrieben. So mussten sie in Gegenden leben, wo man weder jagen noch etwas anpflanzen konnte. Viele der alten Bräuche hatten dadurch ihren Sinn verloren und gerieten in Vergessenheit. Um sie in Erinnerung zu behalten, finden heute regelmäßig Indianertreffen statt, bei denen die alten Bräuche wieder aufleben.

Trommel

Grundschritte von Indianertänzen

Der Spitze-Hacke-Schritt

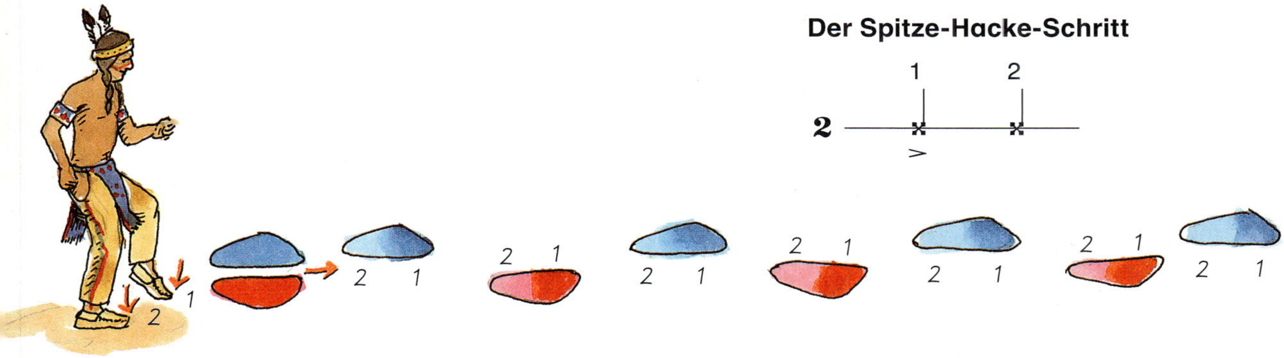

Der Stampfschritt

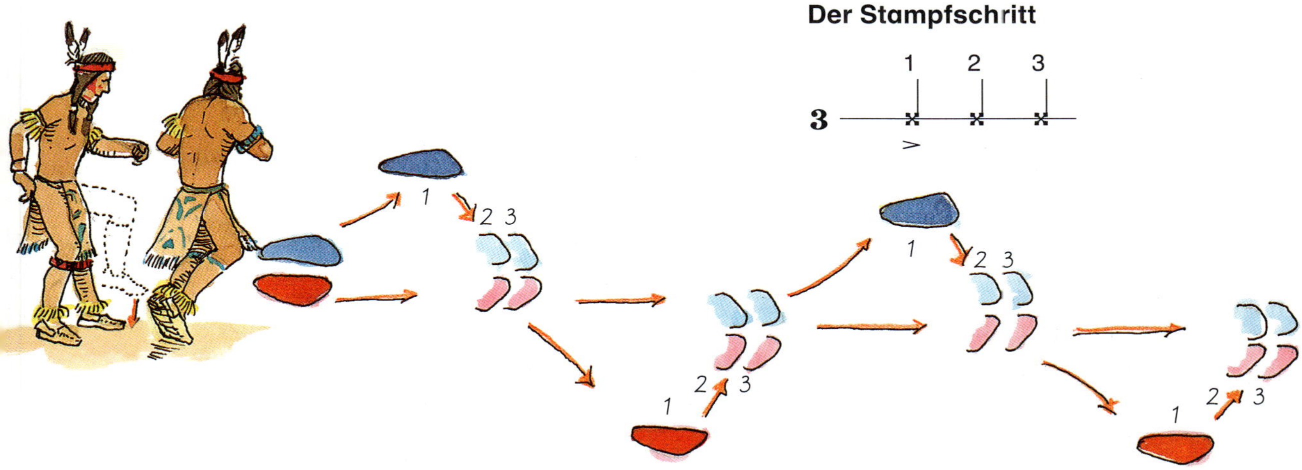

Der Kanuschritt

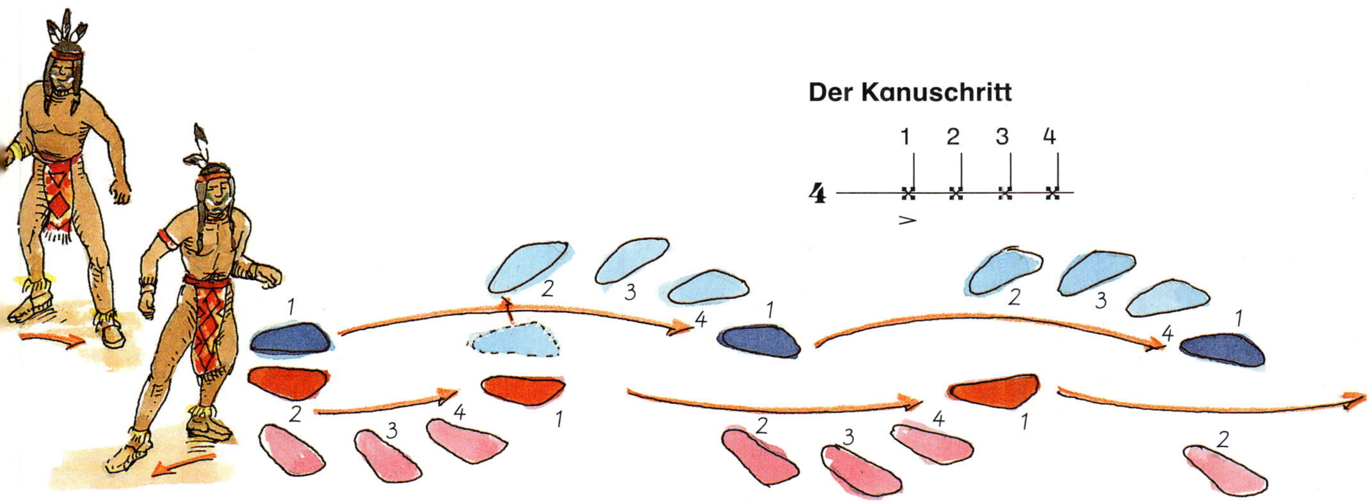

Versucht, die Schritte zu den Trommelrhythmen zu tanzen.

An der schönen, blauen Donau

Johann Strauß
mit seinem Orchester

Wien liegt an der Donau und ist die Hauptstadt von Österreich.
Hier entstand der Wiener Walzer, den die Leute von Anfang an mit großer Begeisterung tanzten. »An der schönen, blauen Donau« heißt einer der berühmtesten Walzer, die je geschrieben wurden.
Johann Strauß (der Jüngere) komponierte ihn 1867.
Auf einem Faschingsfest wurde das Walzerlied zum ersten Mal gesungen.
Aber man sang nicht von der Donau, sondern vom Fasching.

Hört euch den Anfang des Walzers an.
Ihr könnt dazu den Wiener Faschingstext singen oder eigene Texte erfinden. III/27–28

Die Begeisterung der Wiener für den Walzer kannte keine Grenzen. Alles, was Beine hatte, drehte sich im Dreivierteltakt zur Musik. Es gab Tanzlokale, in denen sechstausend Tänzer und Tänzerinnen gleichzeitig den Walzer tanzten.
Jedes Orchester wollte besser sein als das andere.
Der Dirigent war gleichzeitig Geiger und Komponist.
Er musste sich fast täglich einen neuen Walzer ausdenken. Jeder wollte mit seinen Melodien zum ›Superstar des Walzers‹ werden.
Die Familie Strauß gehörte zu den wichtigsten Walzerkomponisten. Johann Strauß (der Jüngere) gilt noch heute als der Walzerkönig.

Einladung zum Fasching!

Wiener seid froh!
Oho! Wieso?
Na so blickt nur um!
I bitt' warum?
Ein Schimmer des Lichts!
Wir seh'n noch nichts!
Ei! Fasching ist da!
Ah so, na ja!
Drum trotzet der Zeit,
o Gott, die Zeit,
der Trübseligkeit!
Ah, das wär g'scheit!
Was nutzt das Bedauern,
das Trauern?
Drum froh und heiter seid!
(Josef Weyl)

Dieser Text wurde 1866 von einem Wiener Polizeikommissar verfasst.

Walzer tanzen! III/29

Den Grundschritt des schnellen Walzers könnt ihr so üben:

1. Stellt euch im Sitzen ein Viereck auf dem Boden vor, und setzt eure Füße so, wie es auf den Abbildungen zu sehen ist.

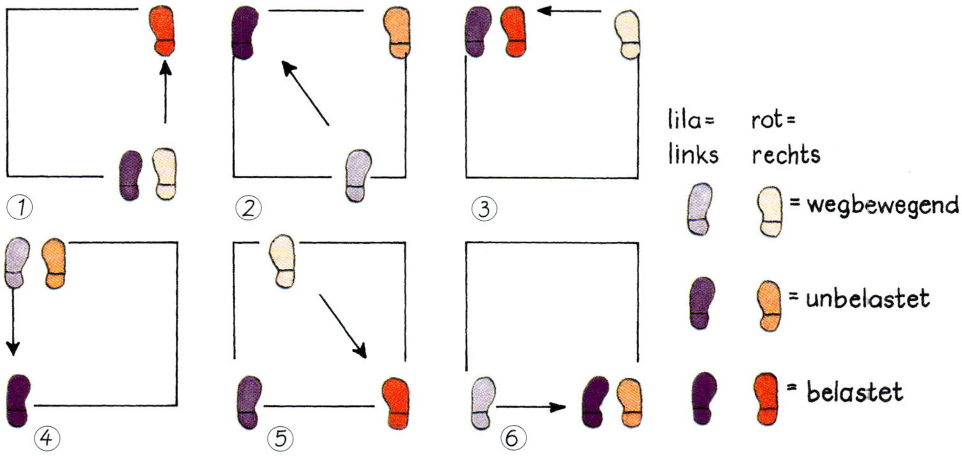

2. Tanzt diese Schritte genauso im Stehen.

3. Sucht euch einen Partner oder eine Partnerin und fasst ihn oder sie lose an den Händen.
   Der Partner tanzt den Grundschritt in umgekehrter Reihenfolge:
   Bild 4 – Bild 5 – Bild 6 – Bild 1 – Bild 2 – Bild 3.
   Wenn ihr den Fuß zu Bild 1 etwas schräg nach rechts vorne und zu Bild 4 etwas schräg nach links hinten setzt, könnt ihr sogar eine Walzerdrehung erreichen.

4. Singt das Walzerlied zum Tanz!

Hob i a Gaaß, a g'scheckerte III/30

Zwiefacher aus Franken

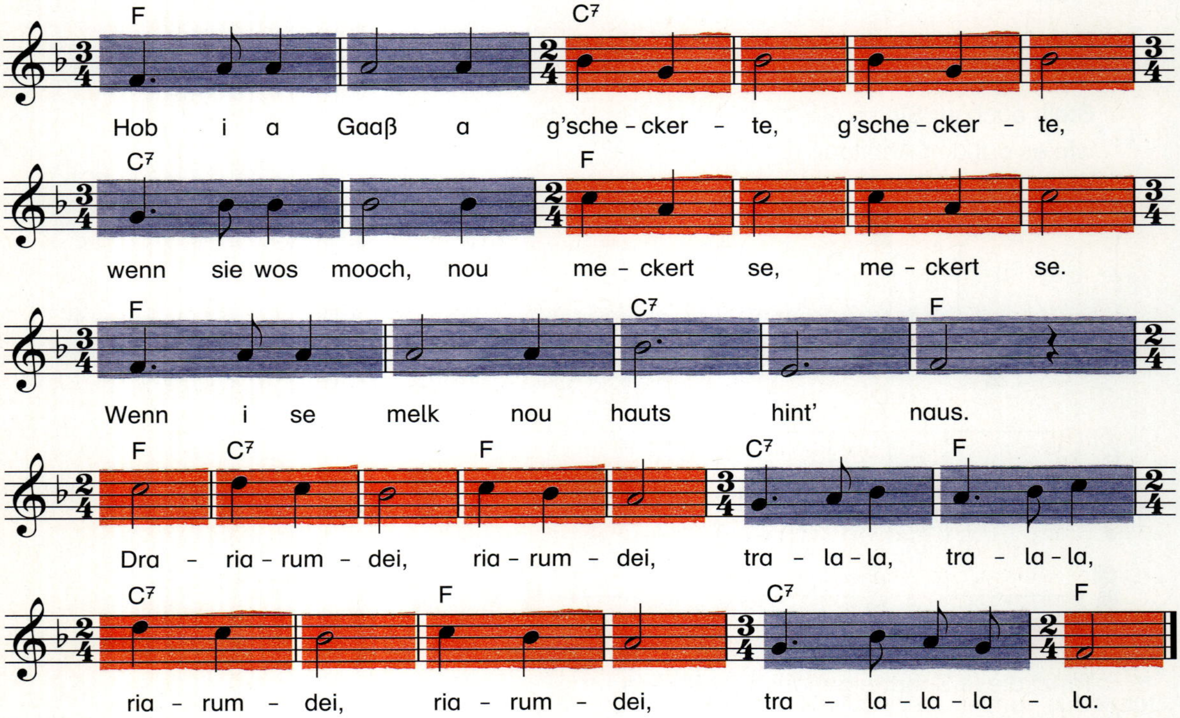

»Zwie« heißt in der fränkisch-bayerischen Mundart »zwei«. Ein »Zwiefacher« ist also ein »Zweifacher«.

1. Ergründe, was in diesem Lied »zwiefach« ist.

2. An den Farben könnt ihr die wechselnde Taktart erkennen.
Zählt in jedem blau unterlegten Takt **1** – 2 – 3 und in jedem rot unterlegten Takt **1** – 2.

Der Zwiefache

Zwiefache sind in der fränkischen und bayerischen Volksmusik nicht selten. Gerade wenn es auf dem Tanzboden so richtig lustig wird, fordern die Tänzerinnen und Tänzer in ländlichen Gebieten diesen Tanz.

Dabei hat jeder Landstrich seine eigenen »Zwiefachen«. Man kann sie aber nur tanzen, wenn man sie genau kennt. Denn wie das Wort »zwiefach« schon andeutet, sind dies Musikstücke, in denen der 2er-Takt und der 3er-Takt ständig wechselt. Der 2er-Takt gehört in diesem Fall zum Dreher, einem geschwinden Tanz, bei dem sich ein Paar in zwei Schritten einmal um sich selbst dreht. Der 3er-Takt gehört zum Walzer mit der bekannten Schrittfolge.

Damit das Tanzen im wechselnden Takt einfacher wurde, unterlegte man die Melodien mit lustigen, einprägsamen Texten.

Auftritt der
Volkstanzgruppe Gunzenhausen

3. Erfindet neue Liedtexte. Was machen eure Haustiere?

Blechbüchsenmarsch III/31–32

Musik: H. Amann
Text: M. Jenning

Das Lied stammt aus dem Marionettentheater »Gut gebrüllt, Löwe« der Augsburger Puppenkiste.

1. Marschiert wie die Blechbüchsenarmee zum Lied.
2. Zeigt in den Rhythmusnoten, an welchen Stellen ihr dabei die Füße setzt.
3. Zählt mit den Füßen: 1 – 2, 1 – 2 …

Die Blechbüchsenarmee hatte ihren Namen von einer Rüstung, die wirklich wie eine oben und unten offene Blechbüchse aussah. Das war sehr praktisch, denn die Soldaten brauchten diese Gehäuse nur vor ihrem Lager abzustellen, wenn sie schlafen gingen, und am Morgen von oben hineinzuspringen. Dann zogen sie die Büchsen bis unter die Achseln, sodass ihre Stiefel unten herausschauten, und schnallten sie über der Schulter mit Lederriemen fest. Diese Armee war fast unschlagbar, denn sie erwartete ihren Feind – wo immer es ging – auf der Spitze eines Abhangs. Dann brüllte der General das gefürchtete Kommando: »Alle Blechbüchsen: Hinlegen! – Roll!! – Roooll!!!« Die Trompeten schmetterten und die Blechbüchsenarmee kollerte mit fürchterlichem Getöse abwärts, dem Feind entgegen, und wer nicht rasch genug ausriss, wurde plattgewalzt wie ein Pfannekuchen.

Max Kruse, Gut gebrüllt, Löwe

Zur Begleitung

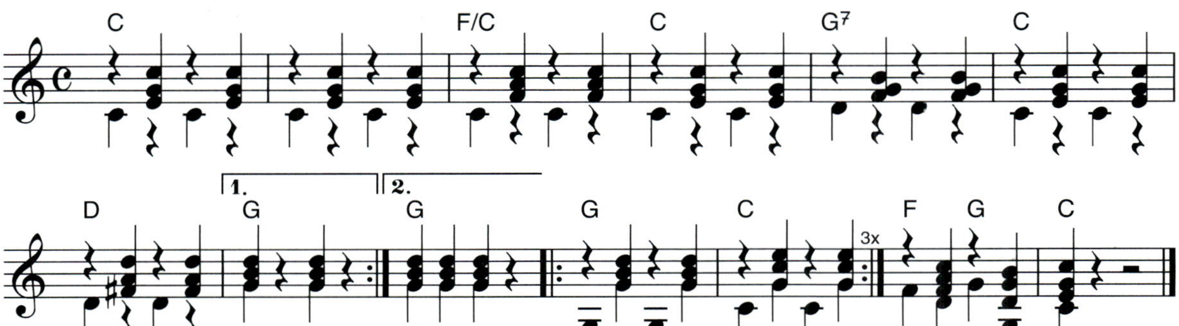

Spielt die Rhythmus- und Stabspielbegleitung.

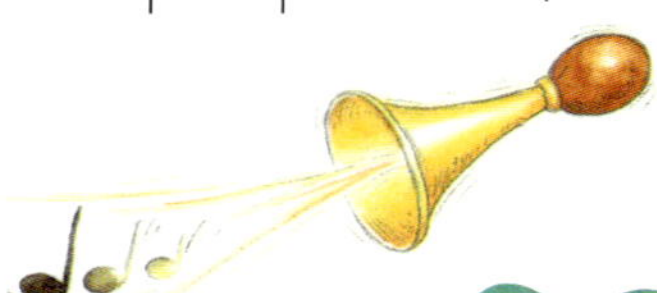

Der Boogie Woog III/33–34

Musik und Text: W. D. L.

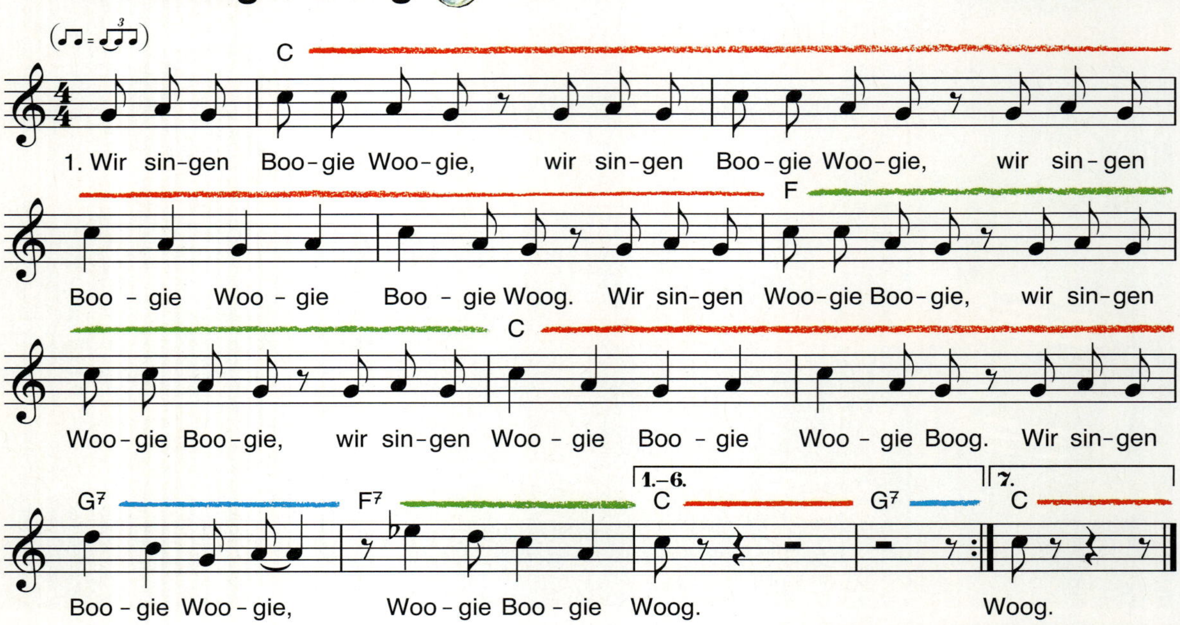

2. Wir flüstern ...
3. Wir schreien ...
4. Wir seufzen ...
5. Wir lachen ...
6. Wir gehen ...
7. Wir tanzen ...

Boogie Woogie heißt eine Art von schnellen Musikstücken im Vierertakt.
Zählt in jedem Takt 1, 2, 3, 4.
Stampft und klatscht dabei.

Klatschen
Stampfen

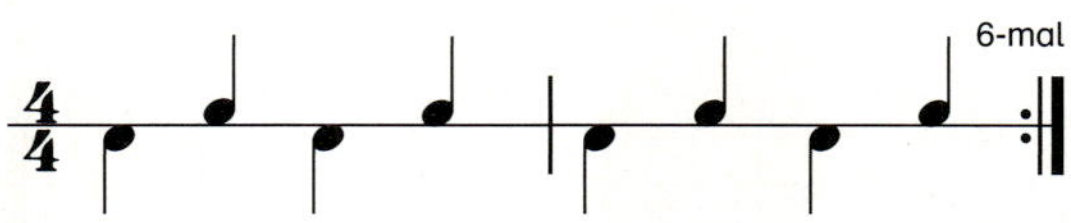

Versucht nun, das Lied zu dieser Begleitung zu singen.

Auf Stabspielen oder auf dem Klavier lässt sich eine einfache Begleitung mitspielen.
Dazu könnt ihr drei Gruppen bilden: eine rote, eine grüne und eine blaue.
Jede Gruppe spielt dann, wenn ihre Farbe über dem Text zu sehen ist.
Auf jede Zählzeit wird ein Ton gespielt.

GRUPPE 1: cega

GRUPPE 2: facd

GRUPPE 3: ghde

Rhythmus-Geschichten

Die beiden alten Maschinen III/35

Traurig stehen zwei alte verrostete Maschinen auf dem Schrottplatz und unterhalten sich über bessere Zeiten.
Die eine erzählt: »Ach, war das schön, als ich blank geputzt im 4/4-Takt ein Loch nach dem anderen ins Blech für die Spielzeugautos stanzte: Zwei Löcher stanzen, wieder hoch, zwei Löcher stanzen, wieder hoch. Die Zahnräder ratterten so schön in Achteln dazu.«
»Ich musste im 3/4-Takt ran«, entgegnet die andere. »Erst das Blech nehmen, dann die Form pressen und schließlich zur Seite legen.«
»Die Neue macht meine Arbeit jetzt im 2/4-Takt und schafft doppelt soviel wie ich. Man hört sie auch kaum noch!«, seufzt die Erste.

Bei den Taktangaben sagt die obere Zahl, wie viele Schläge in einem Takt sind. Die untere macht deutlich, welcher Notenwert als ein Schlag gilt.

1. Ihr könnt die Geräusche der drei Maschinen nachmachen, wenn ihr die folgenden Beispiele sprecht.

Maschine 1

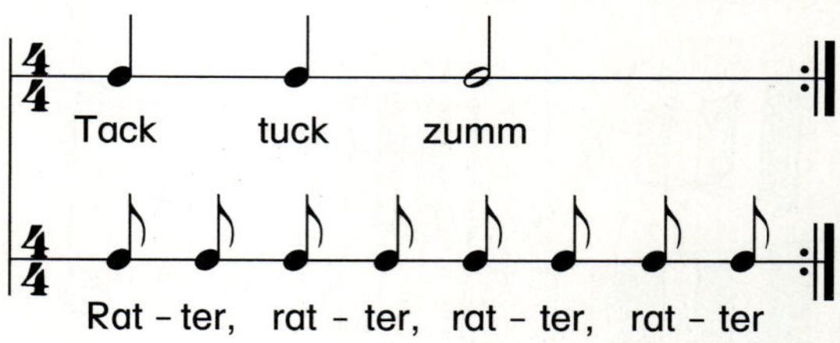

Maschine 2

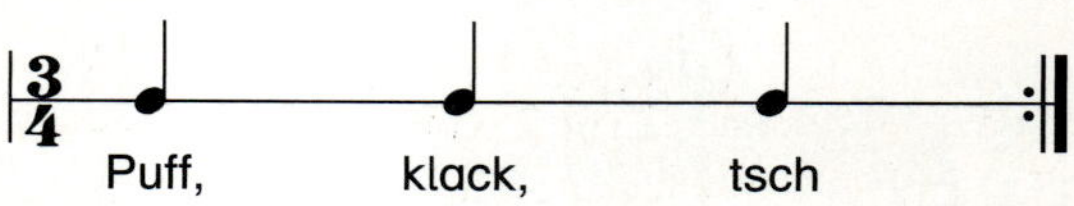

Die ›Neue‹

2. Wie hört es sich an, wenn alle drei Maschinen gleichzeitig laufen?

Sprechmusik

Es gibt viele Musikstücke, in denen die Sängerin oder der Sänger eine Geschichte rhythmisch im 4/4-Takt erzählen.

1. Hört euch einen Ausschnitt aus einem solchen Stück an. III/36

2. Versucht den folgenden Text in zwei Gruppen zu sprechen.

Melodie und Text: W. D. L.

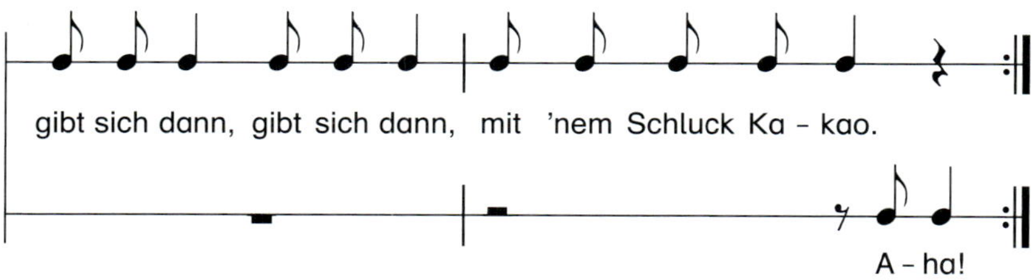

3. Spielt dazu diese Begleitung:

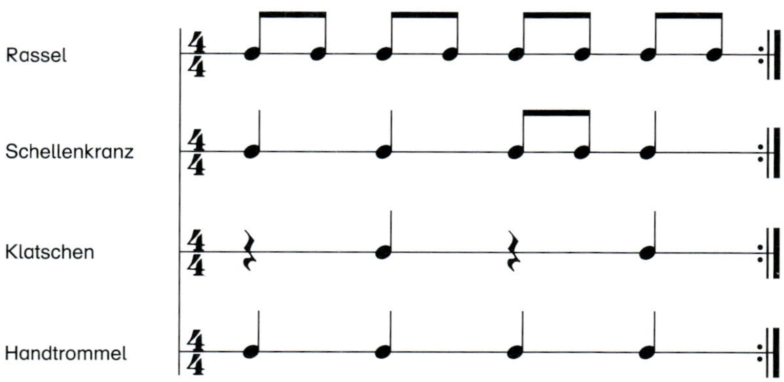

4. Ihr könnt euch auch einen eigenen Text ausdenken! III/37

Tipitipi tup tup IV/1

Melodie: K. W. Hoffmann/R. Mika
Text: K.W. Hoffmann

2. Die Tassen applaudierten
und das Handtuch rief entzückt:
»Dein Rhythmus, lieber Wasserhahn,
klingt ja total verrückt!«
Die Messer und die Gabeln
tanzten quietschvergnügt umher
und auch dem alten Suppentopf
gefiel der Rhythmus sehr.

3. Der Flötenkessel tanzte mit
und pfiff die Melodie.
Die Teller klapperten im Takt
mit sehr viel Fantasie.
Die Töpfe schepperten im
Schrank, die Gläser klirrten leis',
der Abfalleimer rülpste laut
und drehte sich im Kreis.

4. Da sprach die alte Küchenuhr,
dass ihr der Takt gefällt
und hat ihr Ticken auf den
Wasserrhythmus umgestellt.
Auf einmal ging die Türe auf,
der Klempner kam herein.
Der Wasserhahn wurd' repariert
und ließ das Tropfen sein.

1. Spielt die Silben ›tipitipi tup tup‹ leise auf Klanghölzern mit.

2. Ihr könnt den Inhalt des Liedes auch nachspielen.

Das Wörtchen ›tup‹ entspricht hier
der Länge eines Grundschlages,
und jede Silbe des Wörtchens ›tipi‹
ist halb so lang wie der Grundschlag.
Der Trick, mit diesen Silben
einen neuen Rhythmus zu erfinden,
ist ganz einfach: Man bringt die beiden Tonlängen
in verschiedene Reihenfolgen.

tup tup tup tup

ti – pi ti – pi ti – pi ti – pi

3. Wie müsste man diesen Rhythmus sprechen?

—— – – —— – – —— —— ——

4. Erfindet mit den Wörtern ›tup‹ und ›tipi‹ neue Rhythmen.
Schreibt sie nur als Striche an die Tafel
und lasst sie von der Klasse nachsprechen.

Für das Aufschreiben von Tonlängen
verwendet man normalerweise keine Striche,
sondern Noten.
Die Noten haben den Vorteil,
dass sie viel weniger Platz brauchen.
Außerdem kann man am Aussehen
einer Note gleich erkennen,
wie lang der Ton im Verhältnis
zu einem anderen ist.

Ganze
Halbe
Viertel
Achtel

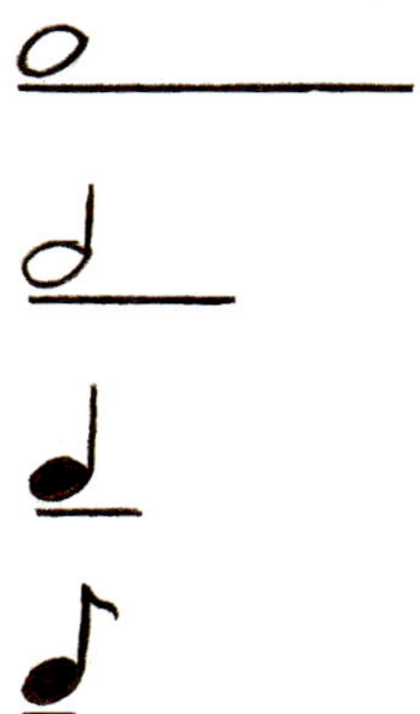

Der Disko-Tanz

1. Hört euch dazu das Disko-Stück an, bei dem man die Tonlängen sehr gut unterscheiden kann. IV/2

2. Versucht, die Tanzschritte in der richtigen Reihenfolge zu dem Disko-Stück zu tanzen.

Ihr könnt als Tanzmusik auch das Lied »Mädchen in dem Kreis« (II/16) oder eure eigene Musik von zu Hause verwenden.

3. Denkt euch selber neue Bewegungen aus, die zu den vier verschiedenen Tonlängen passen.

Der himmelblaue Unterrock IV/3

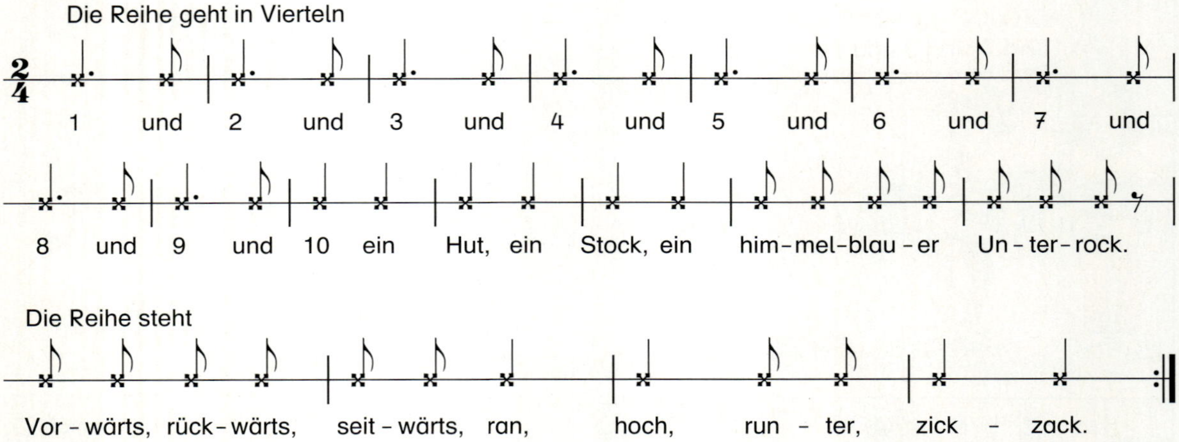

Dieser Sprechvers wird an vielen Schulen in der großen Pause gespielt.
Probiert ihn am besten auf dem Schulhof aus.
Dort ist genug Platz, um eine lange Reihe zu bilden.

Besuch von zwei punktierten Noten

Der Punkt hinter einer Note bedeutet,
dass die Tonlänge um die Hälfte ihres Notenwertes verlängert wird.

Im Lied vom »himmelblauen Unterrock« kommen im ersten Teil regelmäßig Dreiachtelnoten mit nachfolgender Achtel vor.

1. Klatscht zum Sprechvers in Vierteln.

2. Findet heraus, wann ein Klatscher mit einem Wort zusammenfällt, und wann nicht.

Mach mal Pause!

1. Wovon erholen sich diese Leute gerade?
Erzählt von Gelegenheiten,
bei denen ihr gerne mal eine Pause einlegt.
In der Musik dienen die Pausen
nicht der Entspannung.
Häufig werden sie eingesetzt,
um Spannung zu erzeugen.

2. Hört euch die Beispiele an
und sprecht über die Wirkung. IV/4–5
Die Notenschrift zeigt durch spezielle Zeichen an,
wie lange eine Pause sein soll.

Ganze Pause | Halbe Pause | Viertel Pause | Achtel Pause

3. Bewegt euch zum Musikstück frei im Raum
und ›versteinert‹ eure Bewegungen in den Pausen. IV/6

* Wenn ihr im Grundschlag dazu klatscht
und dabei bis ›4‹ zählt, könnt ihr auch herausfinden,
wie viel Schläge jede Pause lang ist.

* In diesem Stück wird ein Schlag Pause
mit dem Zeichen der Viertel-Pause notiert.
Ihr könnt nun versuchen, alle Pausen
mit den richtigen Pausenzeichen aufzuschreiben.

Jetzt fahr'n wir übern See

mündlich überliefert

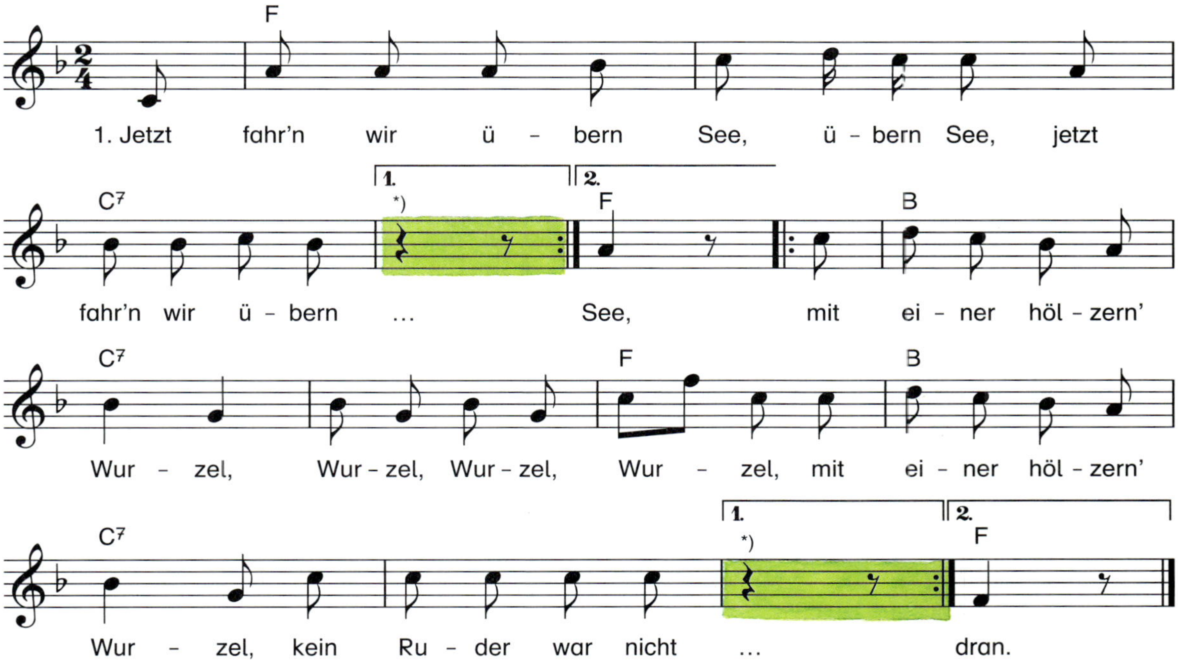

* Wer bei den unter 1. stehenden Pausen singt, muss ein Pfand bezahlen.

2. Und als wir drüben war'n,
da sangen alle Vöglein,
der helle Tag brach an.

3. Der Jäger blies ins Horn,
da bliesen alle Jäger,
ein jeder in sein Horn.

4. Das Liedlein, das ist aus,
und wer das Lied nicht singen kann,
der fängt von vorne an.

Mein Hut, der hat drei Ecken

mündlich überliefert

Bei jeder Strophe wird ein Wort durch eine Bewegung ersetzt. Wer das Wort trotzdem sagt, muss ein Pfand abgeben.

Hut: Mit den Händen auf dem Kopf einen Hut andeuten
Ecken: Mit einer Hand gegen den anderen Ellenbogen tippen
drei: Drei Finger hochhalten
mein: Mit dem Zeigefinger zu sich selbst zeigen
nicht: Mit dem Kopf schütteln
der: Mit dem Finger wegzeigen

Die Moldau

»Aus zwei Quellen entspringt sie, plätschert munter im Gestein,
glitzert in der Sonne und wird immer breiter.«
So beschrieb der tschechische Komponist Friedrich Smetana 1879 die »Moldau«,
und genau so wollte er diesen Fluss auch musikalisch schildern. IV/7

Die Querflöten stellen leise das Rieseln der ersten Quelle dar,
wobei Wassertropfen aufspritzen, die von gezupften Geigen nachgeahmt werden.
Kurz darauf kommt der zweite Quellfluss hinzu – gespielt von den Klarinetten.
Ein Gebirgsbach entsteht, wenn die Bratschen beginnen,
in fließenden Tönen mitzuspielen.
Mit den Celli, den Kontrabässen, den Hörnern und der Triangel
wird der Klang immer breiter, aus dem Bächlein wird ein Fluss.
Nun beginnen Geigen und Oboen mit einer Melodie, und schon ›sieht‹ man
den Fluss voll und schön dahinfließen.
Je lauter die Musik wird, desto größer und mächtiger wird die Moldau.

1. Hört euch den Ausschnitt an und verfolgt dabei das Bild. IV/8

… hohen und tiefen Tönen

Den weiteren Verlauf
der »Moldau«
beschreibt der Komponist so:

»Ihre Ufer hallen von
Jagdfanfaren und ländlichen
Tänzen wider.
– Mondschein, Nymphenreigen. –
Sie gelangt zu den
St. Johannes-Stromschnellen,
an deren Felsen ihre Wellen
zu schäumendem Gischt
zerspritzen.
Von dort strömt sie
breit hin gen Prag,
wo sie die altehrwürdige Burg begrüßt.«

2. Hört euch die Ausschnitte an und versucht, sie der Beschreibung zuzuordnen. IV/9–13

Zweierlei Musik

Text: J. Guggenmos
Sprechreim: H. Lemmermann

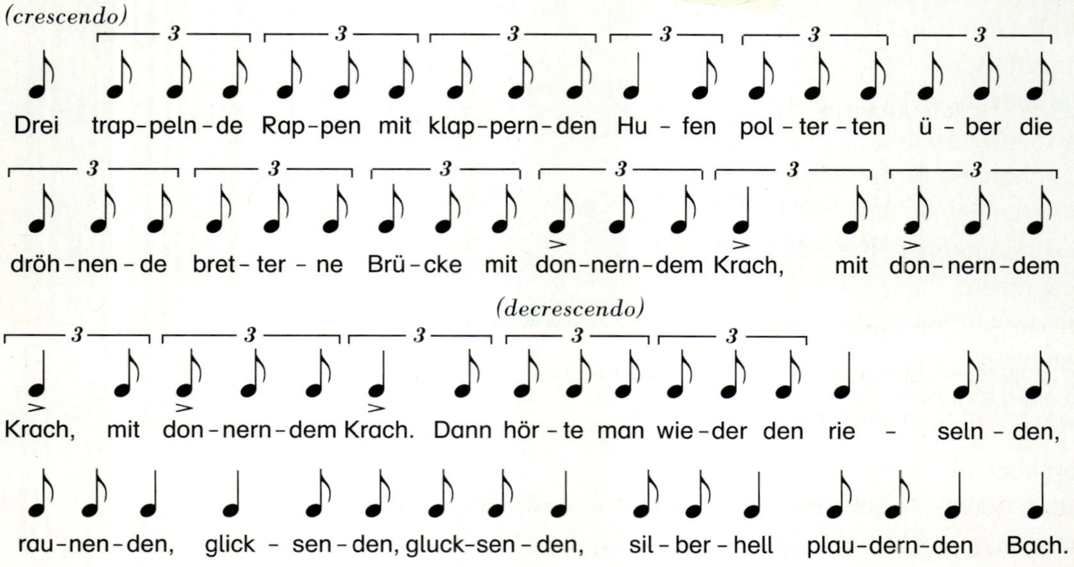

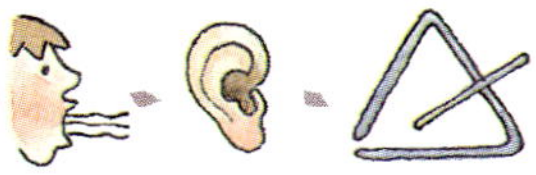

Das Kind spielt unter der Brücke im Bach.

1. Wie hört sich das Getrappel der drei Pferde von unten an?
An welcher Stelle ist es am lautesten?

2. Sprecht den Reim mit den angegebenen Lautstärkeveränderungen.
Lauter werdende Musik nennt man »crescendo« (<), leiser werdende Musik nennt man »decrescendo« (>).

3. Warum nennt der Verfasser sein Sprechstück »Zweierlei Musik«?
Spielt diese Musik mit passenden Instrumenten.

Die böse Hexe Baba Jaga

In vielen russischen Märchen heißt die alte, böse Hexe ›Baba Jaga‹.
Sie sieht grässlich aus, ihr Gesicht ist zum Fürchten und sie frisst am liebsten Menschenfleisch.
Baba Jaga wohnt in einer kleinen Hütte, die auf großen Hühnerfüßen steht und sich drehen kann. Normalerweise steht diese Hütte mit dem Eingang zum Wald.
Kommt jedoch ein Mensch vorbei, den Baba Jaga fressen will, dann dreht sich die Hütte mit dem Eingang zu ihm hin, und die Hexe stürzt sich auf ihr Opfer.
Auf ihren Beutezügen fliegt Baba Jaga in einem Mörser durch die Luft.
In der einen Hand hält sie einen Stößel, mit dem sie den Mörser antreibt, und in der anderen den Besen, mit dem sie ihre Spuren verwischt.

Mörser mit Stößel

Diese Beschreibung der Baba Jaga kannte auch der russische Komponist Modest Mussorgsky. Er hat in einem Klavierstück seine Vorstellungen von der Hexe in Musik umgesetzt. Der französische Komponist Maurice Ravel hat daraus einige Jahre später ein Orchesterwerk gemacht

IV/14–15

1. Hört euch das Orchesterstück an und stellt euch vor, was die Baba Jaga gerade macht.

2. Achtet dabei besonders auf die leisen und lauten Abschnitte.

Das Haus der Instrumente

Nur wenige Instrumente können von sehr tiefen bis zu sehr hohen Tönen spielen.
Zu ihnen gehört das Klavier. Die meisten Instrumente spielen nur in einem ›Stockwerk‹ des gesamten Tonumfangs, der von sehr tief bis sehr hoch reicht. IV/16
Auf dem Hörbeispiel stellen sich die Bewohner dieses Hauses mit ihren Instrumenten vor.

Abenteuer im Stadtviertel

›Pfiffikus‹ hat sich einen Scherz mit dem Obsthändler Meier und dem Fischverkäufer Schulze erlaubt. Herr Meier vermisst eine Bananenstaude und Herrn Schulze fehlen zwei Perlen aus seinen Austern. Stattdessen findet jeder einen Zettel.

Deshalb gehen sie mit der ›Geheimbotschaft‹ zu dem Musiklehrer Hemperlein. Er soll ihnen sagen, wo ihre Sachen liegen.
Aber auch Herr Hemperlein macht sich einen Spaß mit ihnen. Er verrät die Lösung nicht, sondern erklärt ihnen, wie sie die Botschaft entschlüsseln müssen.

Entschlüsselt die Botschaft, indem ihr die Notennamen herausfindet.

Der Schulmeister

Zur Zeit Georg Philip Telemanns (1681–1767) hießen die Lehrer noch Schulmeister. Telemann hat sich als Komponist einen Spaß gemacht und seinen ›Schulmeister‹ als lustigen Kauz dargestellt. Dieser kommt herein und will eine ›Singstunde‹ abhalten. Zuerst sollen die Schüler folgende Töne nachsingen:

Dabei erklärt er, dass diese Folge von Tönen ›Tonleiter‹ genannt wird. IV/17
(Wie die Sprossen einer Leiter führen die Töne einer Tonleiter in bestimmten Abständen nach oben oder unten.)
Anstatt seinen Unterricht fortzusetzen, kommt der Schulmeister plötzlich ins Schwärmen über seine ›Sangeskunst‹. »Wenn der Schulmeister singt, klingt es wunderschön!«, behauptet er immer und immer wieder. Erst als er merkt, dass keiner hinhört und dass sich die Schüler über ihn lustig machen, beendet er seine Vorführung und bringt ihnen endlich ein Lied bei.

Das Lied kommt ihnen allerdings sehr merkwürdig vor. Der Text in lateinischer Sprache bedeutet übersetzt: Die griechischen Gelehrten Aristoteles, Plato und Euripides sind in den Abgrund gefallen. IV/18–19

1. Der Schulmeister hat den Kindern am Anfang der Musikstunde die Tonleiter beigebracht. Wo und wie kommt sie in dem Lied vor?

2. Singt das Lied zum Hörbeispiel. Euer Einsatz erfolgt, wenn die Melodie einmal gespielt wurde. Dann singt ihr das Lied viermal hintereinander. IV/20

Schule früher

Zu Telemanns Zeiten war es noch nicht selbstverständlich, dass jeder eine Schule besuchen konnte.
Auf dem Lande mussten die Kinder den ganzen Sommer über arbeiten: Als Hirten hatten sie Kühe, Ziegen oder Gänse zu hüten. Auch bei der Feldarbeit mussten sie kräftig mithelfen. Deshalb gingen die meisten nur im Winter zur Schule.
Die Lehrer hatten es auch nicht leicht. Sie bekamen nur sehr wenig Geld und mussten deshalb häufig zusätzlich beim Bauern, in Wirtshäusern und vor allem in der Kirche arbeiten.
Der Unterricht fand häufig in einem Zimmer des Lehrerhauses statt, in dem sich auch die ganze Familie des Lehrers aufhielt. Wenn es einen Schulraum gab, war er oft sehr schlecht eingerichtet oder schlecht zu heizen.
Jeder Schultag begann mit einer Religionsstunde, in der nur kirchliche Lieder gesungen und Bibeltexte gelernt wurden. Der Lehrer sang eine Zeile des Liedes vor, die Schüler mussten sie nachsingen und so lange wiederholen, bis sie alles auswendig konnten.
Georg Philipp Telemann war auch ein Lehrer, ein Musiklehrer in der großen Stadt Hamburg. Hier gingen nur ältere Kinder reicher Eltern zur Schule und der Unterricht fand in lateinischer Sprache statt.

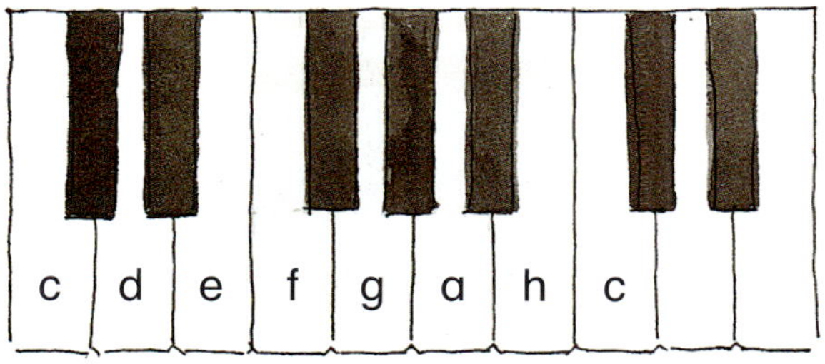

3. Ihr könnt die Tonleiter im Lied auch auf dem Xylofon, Glockenspiel oder dem Klavier mitspielen.

Notenrätsel

Hier findet ihr drei Liedanfänge.
Jeder ist einmal in Strichen
und einmal in Noten aufgezeichnet.

Dieses Lied wird häufig beim Wandern gesungen.

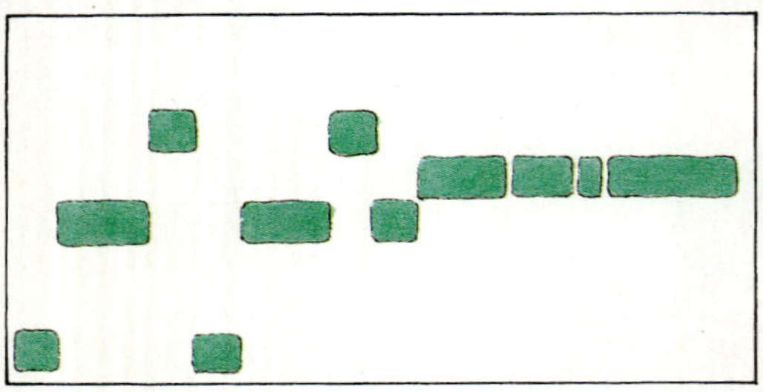

Hier hört man den Ruf des Vogels.

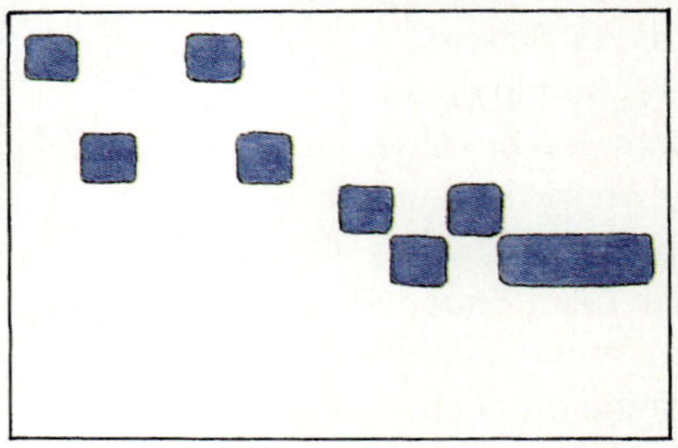

Eine Melodie aus der Werbung.

1. Findet heraus, welcher Kasten mit Strichen zu welchem Notenbild gehört.

2. Spielt die Liedanfänge auf Stabspielen, Tasteninstrumenten oder Flöten.

3. Um welche Lieder handelt es sich?

4. Welche Wörter sind in den Notenabschnitten versteckt? Sie passen jeweils zu einem der Bilder!

5. Schreibe die restlichen drei Bilder in Notennamen: Affe, Bach, Gehege.

Lachend kommt der Sommer

Melodie und Text: C. Bresgen

6. In diesem Lied ist an einer Stelle die Tonleiter versteckt. Wer findet sie?

Dracula tanzt Rock 'n' Roll IV/21

Musik und Text: F. Vahle

♩ = verschiedene Rhythmusinstrumente × = Kniepatschen • = klatschen

Spielt die Begleitung auf Rhythmus- und Körperinstrumenten.

2. Er hat die Ringelsocken an
und tanzt so schaurig schön, der Mann.
Die Fledermäuse wundern sich.
So kennen sie ihr Herrchen nicht.
Bei Nacht, …

3. Nur einmal ist er so geschafft.
Er trinkt statt Blut nur Traubensaft.
Dann springt er wieder auf wie toll.
Wer ist der King beim Rock 'n' Roll?
Herr Dracula, Herr Dracula,
im Schi-Scha-Schubidupp
Mondenschein.

4. Und vor dem ersten Morgenrot
isst Dracula sein Blutwurstbrot.
Da staunt der Friedhofswärter sehr.
Wo kommt denn nur das Schmatzen her?
Bei Nacht, …

5. Doch da bricht schon der Morgen an,
was Dracula nicht leiden kann.
Er macht den letzten Überschlag
in seinen alten Eichensarg.
Bei Nacht, …

① Drehung
② Drehung
③ Platzwechsel
④ Platzwechsel
⑤ Grundschritt
⑥ Grundschritt
⑦ Grundschritt + ⑥
⑧ Grundschritt + ⑥

Lucky Luke

Der wichtigste Mann in der Kapelle ist der Geiger. Er spielt nicht nur auf seinem Instrument, sondern er sagt den Tanzpaaren auch, wie sie tanzen sollen. Dass er die Geige dabei nicht wie ein richtiger Geiger hält, ist ihm egal.

Wieder einmal hat Lucky Luke die Daltons zurück ins Gefängnis gebracht. Zur Feier des Tages geht es im Saloon von ›Daisy Town‹ hoch her. Eine Kapelle spielt zum Tanz auf.

Geiger (im Sprechgesang) IV/22

1. Jetzt beginnt unser Tanz im Haus,
Jungens, sucht euch ein Mädel aus.
Haltet Abstand und passt gut auf,
so ein Tanz ist kein Dauerlauf.

rechts herum

Jetzt nach links heißt mein Befehl
und seid lustig und fidel,
hebt die Füße im richtigen Takt,
tanzt doch nicht so abgehackt.

links herum

(Vier Takte Geigenzwischenspiel)

2. Jetzt promeniert an mir vorbei,
na, das klappt ja schon einwandfrei.
Stramme Haltung, den Kopf zurück,
schaut nach vorne mit klarem Blick.

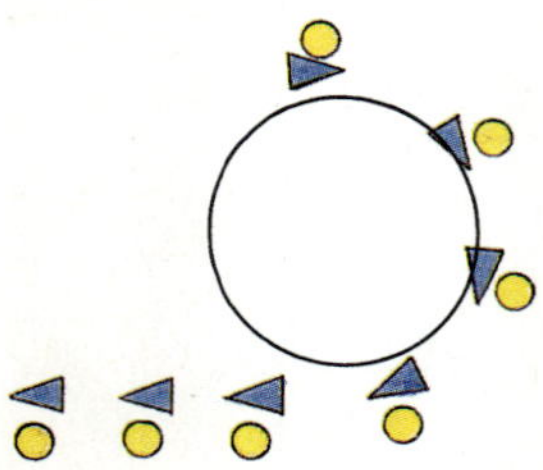

Kreis auflösen

Meine Herren, meine Damen
und nun blickt euch freundlich an.
Meine Damen, meine Herren,
jetzt verneigt sich Frau und Mann.

in Reihen gegenüberstellen

(Vier Takte Geigenzwischenspiel)

© Lucky Comics by Morris & Goscinny

Melodie: C. Bolling
deutscher Text: B.K.

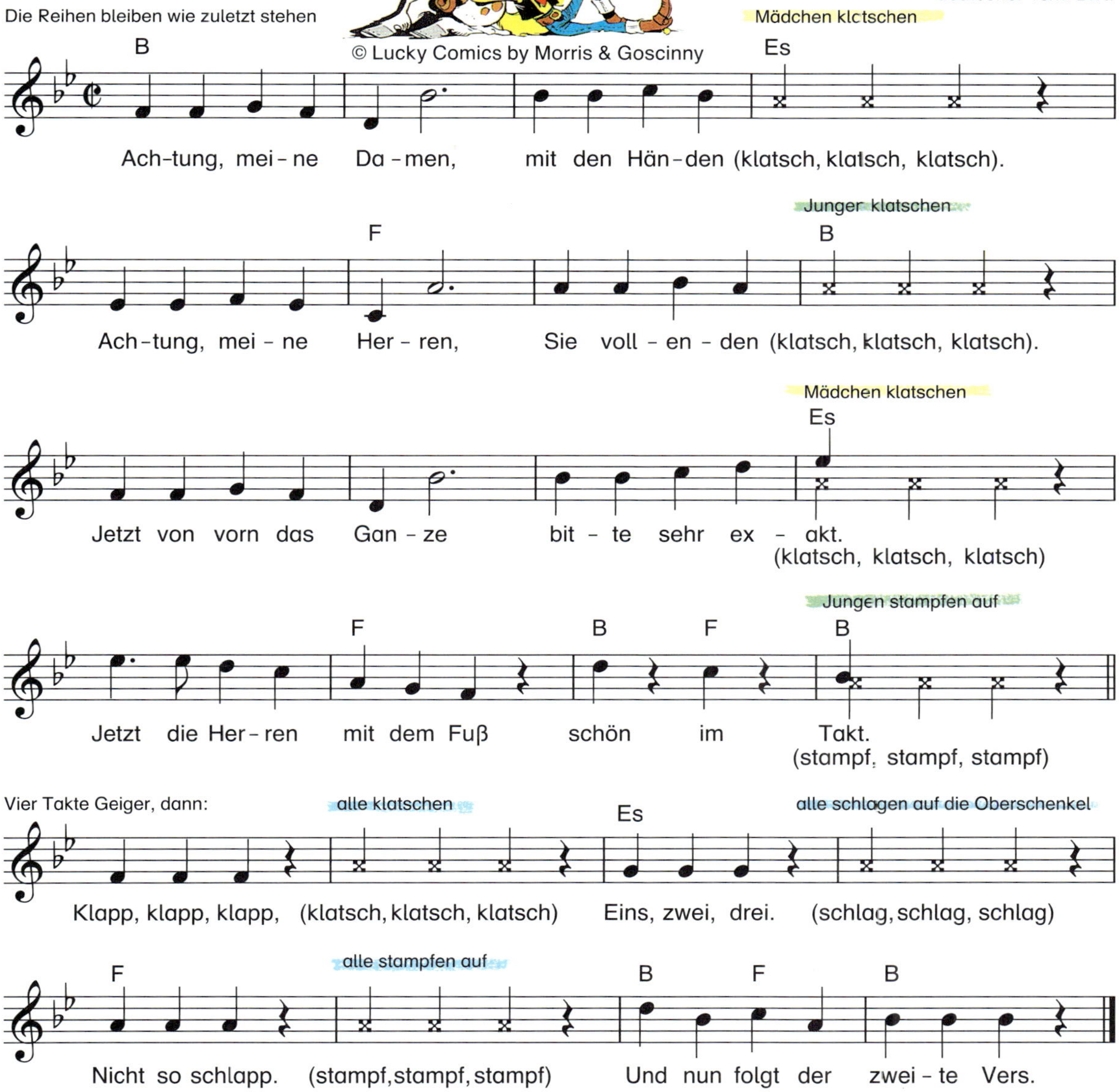

1. Tanzt zur Musik. IV/23

2. Ein Teil der Klasse kann auch dazu sprechen und singen, während der andere Teil tanzt.

Dance – einen Tanz erfinden IV/24

Bevor man sich selber einen Poptanz ausdenkt, sollte der Aufbau des Musikstückes bekannt sein.

1. Hört das Stück »Dance« und verfolgt den Ablauf

Ablauf

Teil	Anzahl der Takte	Erkennungsmerkmal
A	8	»Ladies and Gentlemen …«
B	5	»From the east to the west …«
C	8	Einsatz der Basstrommel
D	4	Keyboard hört auf, dann »Now, let us show you …«
E	4	»One, two, three, four …«
B	5	»From the east to the west …«
Refrain	8	»Ev'rybody's gonna dance «
Refrain	8	»Ev'rybody's gonna dance «
F	4	»Hop, Stop, Music«
D	4	»Ladies and Gentlemen …«
B	5	»From the east to the west …«
E	4	»One, two, three, four …«
D	2	»Ev'rybody's gonna …
Refrain	8	»Ev'rybody's gonna dance …«
Schluss		»dance«

Als nächstes überlegt man sich für jeden Teil einen Bewegungsablauf.

Beispiel für Teil B:

From the **east**

to the **west,**

from the **north**

to the **south**

From the **left**

to the **right,**

shake your **body** all the night

2. Denkt euch auch für die anderen Teile Poptanzbewegungen aus.
Arbeitet in Gruppen und stellt eure Ergebnisse der Klasse vor.

Klingende Gedichte und Geschichten

Das Waldhaus (mit Begleitmusik) IV/25

Wir liegen im Waldhaus in tiefer Nacht.
Da naht ein Trappeln.
Erwacht! Erwacht!

Vorm Fenster stehen die Wölfe
und heulen, alle zwölfe.

Noch zwanzig kommen dazu
und helfen heulen. Hu!

Jetzt sind es zweiunddreißig.
Wir zittern und bibbern fleißig.

Nun bringen wir denen das Bibbern bei.
Wir brüllen wie Löwen – eins, zwei, drei!

Die Wölfe flieh'n in die Ferne.
Weg sind sie. Das haben wir gerne.

Im Waldhaus ist es wieder still.
Nur der Wind pfeift noch, bald leis, bald schrill.

(Josef Guggenmos)

Die Begleitmusik zum Gedicht von Josef Guggenmos könnt ihr euch selber ausdenken.
Verwendet dazu eure Stimmen, Instrumente und Gegenstände.

Ein Luftballon platzt … IV/26

Auf Annas Geburtstagsfeier
platzt ein Luftballon und die Katze läuft
vor Schreck laut miauend auf die Straße.
Ein Autofahrer bremst
mit quietschenden Reifen.
Andere hupen. Ein Laster hält brummend
am Straßenrand. Darüber ärgern sich
zwei Fahrradfahrer, die aufgeregt
klingeln. Davon wird ein Baby
im Kinderwagen wach.
Es fängt an zu schreien.
Dies weckt auch noch den Hund!
Bellend jagt er die Katze nach Hause –
wo Anna gerade den nächsten Luftballon
aufbläst …

Diese Geschichte könnt ihr gut mit
Stimmen und Instrumenten darstellen.
Versucht es einmal.

Im Musikraum IV/27

1. Flö - lö - lö - lö - lö - lö - lö - lö - TEN
pie - pie - pie - pie - pie - pie - pie - pie - PEN.
2. Be - cke - cke - cke - cke - cke - cke - cke - CKEN
klir - rir - rir - rir - rir - rir - rir - rir - REN.
3. Ras - sas - sas - sas - sas - sas - sas - sas - SELN
ras - sas - sas - sas - sas - sas - sas - sas - SELN.

1. Führt das Gedicht als Sprechkanon auf.

   Ihr könnt jede zweite Strophenzeile
   mit dem entsprechenden Instrument spielen.

2. Denkt euch noch weitere Strophen aus.
   Die Zeichnung hilft euch dabei.

Manamana – Ein Rondo IV/28 29

Melodie: P. Umiliani
Text: F. Oldörp

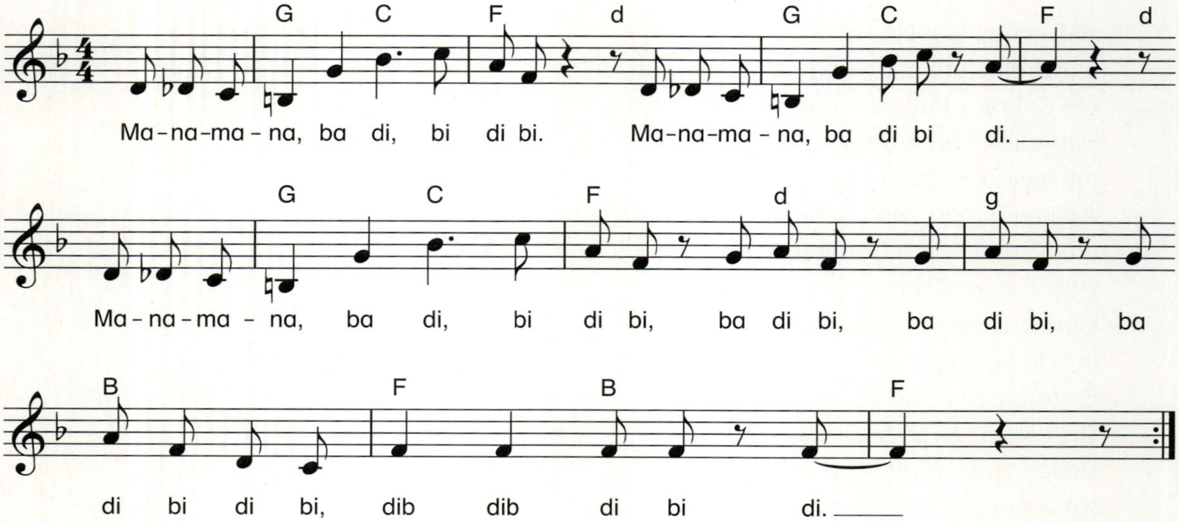

Ernie: Sag mal, Bert, warum lachen eigentlich alle bei ›Manamana‹?
Bert: Weil's lustig ist.
Ernie: Was ist denn dabei so lustig, Bert?
Bert: Nach jedem Kehrreim singt doch einer von uns immer was ganz Neues und verstellt dazu auch noch seine Stimme. Das hört sich dann richtig komisch an, und alle lachen. Danach kommt dann wieder unser ›Manamana‹. Dabei kann jeder mitsingen, weil es immer gleich ist.

Ernie: Du bist ein Genie, Bert.
Bert: Nein, Ernie, die Idee ist leider nicht von mir.
Ernie: Trotzdem, Bert, für mich bist du ein Genie. Du kannst mir alles immer so schön erklären.
Bert: Schon lange Zeit bevor es uns und die »Sesamstraße« gab, sangen Menschen ähnliche Lieder wie ›Manamana‹. Sie nannten so etwas Rundgesang, weil sie sich meistens dazu im Kreis aufstellten. Die Spielregel war einfach: Es wurde immer ein bekannter Teil von allen gesungen, danach dachte sich einer aus der Runde einen neuen Teil aus. Dann kam wieder der bekannte Teil, und der Nächste musste sich etwas Neues ausdenken.
Ernie: Prima, Bert. Wir beide stellen uns im Kreis auf und singen ›Manamana‹.
Bert: Oh, Ernie. Wie sollen wir beide uns denn im Kreis aufstellen?
Ernie: Ich dachte ja nur.

1. Setzt oder stellt euch in einen Kreis und probiert einen Rundgesang. Als immer wiederkehrenden Teil könnt ihr »Manamana« singen, für die Zwischenteile denkt sich jeder etwas Neues aus, z. B. ein Geräusch oder ein Lied.

Die Rondokette

Die Perlenkette verdeutlicht noch einmal den Ablauf des Liedes »Manamana«. Einen solchen Aufbau nennt man Rondo. Man verwendet die Groß-buchstaben des Alphabets zur Bezeichnung der einzelnen Teile des Stückes.

2. Welcher Buchstabe wird für den immer wiederkehrenden Teil verwendet?

Rhythmus-Rondo

Diese Kinder spielen ein Rhythmus-Rondo.
Sie haben sich dazu auf einen bestimmten Rhythmus geeinigt, den sie in Teil A spielen.
Bei den anderen Teilen denkt sich jeweils ein Kind einen eigenen Rhythmus aus.

3. Erarbeitet in Gruppen verschiedene Rhythmus-Rondos. IV/30

4. Spielt euer Rhythmus-Rondo der ganzen Klasse vor.

In der Wolfsschlucht

Auf diesem Bild seht ihr die Wolfsschlucht. Es ist Mitternacht, der bleiche Mond steht am Himmel und ein Sturm zieht auf. Zwei Männer haben einen Kreis aus schwarzen Feldsteinen um sich herum gelegt und sind dabei, Gewehrkugeln zu gießen. Dabei sehen sie unheimliche und schreckliche Erscheinungen.
Das Geschehen in der Wolfsschlucht ist nur ein Teil einer verwickelten Geschichte: Der Jäger mit Hut heißt Max. Er muss einen Meisterschuss ablegen, um die Jägerstochter Agathe heiraten zu können. Weil sein Gewehr verhext ist, hat er jedoch kein Glück im Schießen. Deshalb braucht er sogenannte ›Freikugeln‹, die jedes Ziel treffen. Der Bärtige ist Kaspar. Er hat mit Samiel, dem Teufel, einen Pakt abgeschlossen. Dieser verlangt von Kaspar jedes Jahr eine Menschenseele. Dieses Mal soll Agathe geopfert werden. Dazu gießt Kaspar mit Hilfe Samiels in der Wolfsschlucht sieben Freikugeln, die er Max gibt. Max weiß nicht, dass die siebente Kugel vom Teufel gelenkt wird und dadurch Agathe treffen soll. Zum Glück trägt sie im Augenblick des Schusses einen weißen Rosenkranz, der sie schützt.

Das Kugelgießen in der Wolfsschlucht gehört zur Oper »Der Freischütz«von Carl Maria von Weber (1786–1826). Das Bühnenbild (links) zeigt, wie man sich damals diese Szene vorgestellt hat. Die beiden Darsteller sind Opernsänger. Sie spielen das Geschehen, wobei sie meistens singen. Vor der Bühne befindet sich das Orchester. Der Dirigent sorgt dafür, dass die Sängerinnen und Sänger im gleichen Takt mit dem Orchester singen und spielen. Er muss von allen Mitwirkenden gut gesehen werden können. »Der Freischütz« wurde von Anfang an mit Begeisterung aufgenommen.

Agathe

Einer der beliebtesten Ausschnitte daraus ist auch heute noch die Wolfsschlucht-Szene. Hier werden die gruseligen Erscheinungen sehr deutlich in Musik umgesetzt.

1. Hört euch den Ausschnitt an und lest dabei den Text mit. IV/31

2. Spielt die Szene selber nach. Stellt auch die unheimlichen Ereignisse dar und macht dazu die entsprechenden Geräusche.

Kaspar gießt, lässt die Kugel aus der Form fallen und ruft: »Eins!«
Echo: »Eins«
(Waldvögel huschen und flattern.)
Kaspar gießt und zählt:
»Zwei!« Echo: »Zwei.«
(Ein schwarzer Eber jagt vorbei.)
Kaspar: »Drei!«
Echo: »Drei.«
(Ein Sturm erhebt sich und bricht die Wipfel der Bäume.)
Kaspar: »Vier!«
Echo: »Vier.«
(Peitschenknall und Pferdegetrappel: Vier feurige Räder rollen vorüber.)
Kaspar: »Fünf!«
Echo: »Fünf.«
(Hundegebell und Wiehern; Nebelgestalten von Jägern, Hirschen und Hunden ziehen vorüber.)
Kaspar: »Wehe! Das wilde Heer!«

Unsichtbarer Chor singt:
»Durch Berg und Tal, durch Schlund und Schacht, durch Tau und Wolken, Sturm und Nacht!
Durch Höhle, Sumpf und Erdenluft, durch Feuer, Erde, See und Luft, jaho!
Wauwau! Ho! Ho! Ho! Ho! Ho! Ho! Ho! Ho!«
Kaspar: »Sechs! Wehe!«
Echo: »Sechs.«
(Der ganze Himmel wird schwarze Nacht, dunkelblaue Flammen schlagen aus der Erde; Irrlichter zeigen sich, Felsenstücke stürzen herab, die Erde scheint zu schwanken.)
Kaspar: »Samiel – Samiel! Hilf! – Sieben!«
Echo: »Sieben.«
Max: »Samiel!«
Samiel: »Hier bin ich.«

In der Wolfsschlucht – ein szenisches Klangspiel

Szene 1 Waldvögel huschen und flattern.

Szene 2 Ein schwarzer Eber jagt vorbei.

Szene 3 Ein Sturm erhebt sich und bricht die Wipfel der Bäume.

Szene 4 Peitschenknall und Pferdegetrappel: vier feurige Räder rollen vorüber.

Szene 5 Nebelgestalten ziehen vorüber.

Szene 6 Dunkelblaue Flammen schlagen aus der Erde; Irrlichter zeigen sich. Felsenstücke stürzen herab.

Spielt das Geschehen in der Wolfsschlucht nach. Entwerft eure eigene Musik und musiziert in jeder Szene mit passenden Klängen.

Das Friedensfest

1748: Der Krieg war endlich vorbei! Sieben Jahre lang hatten verschiedene Länder Europas gegeneinander gekämpft. Viel Blut war geflossen, bis Österreich, England und die Niederlande schließlich als Sieger aus der Schlacht hervorgegangen waren. Die Leute hatten den Krieg gründlich satt. Der Frieden sollte gefeiert werden!
Der König von England veranstaltete deshalb ein riesiges Feuerwerk. Zu diesem Anlass ließ er eine eigene Musik komponieren: »Die Feuerwerksmusik«. Den Auftrag erhielt der deutsche Komponist Georg Friedrich Händel, der in London lebte und in England berühmt war.
Die Musik musste sehr laut sein, denn das Ereignis fand im Freien statt. Hundert Instrumente wurden benötigt. Das Publikum war begeistert! Doch plötzlich war es mit dem Jubel vorbei: Das Holzhaus, aus dem die Leuchtraketen des Feuerwerks abgeschossen wurden, ging in Flammen auf. Es brannte lichterloh und die Menschen suchten das Weite.
Der Krieg und das Friedensfest sind in Vergessenheit geraten, aber die ›Feuerwerksmusik‹ gehört noch heute zu den beliebtesten Musikstücken aus dieser Zeit.

1. Hört einen Ausschnitt aus der »Feuerwerksmusik« und versucht zu erklären, weshalb die Musik so feierlich wirkt. IV/32

Die Feuerwehr beim Friedensfest

In der ›Feuerwerksmusik‹ spielen folgende Instrumente mit.

2. Stellt euch vor, ihr sitzt an der großen Kesselpauke, und spielt mit dem Orchester die »Feuerwerksmusik«. Die roten Kästchen zeigen, wann ihr mit eurem Rhythmus dran seid.

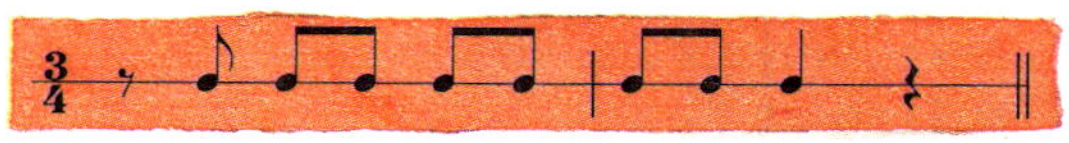

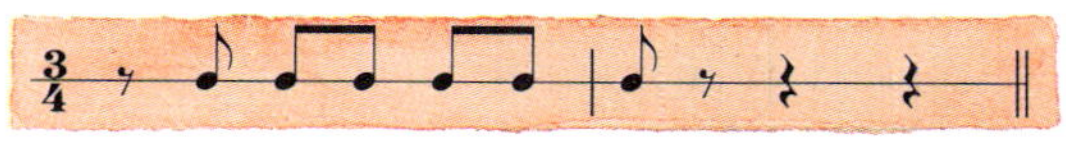

3. Hört zuerst den Ausschnitt und verfolgt den Ablauf. Spielt dann auf Trommeln oder auf den Oberschenkeln zur Musik dazu.

Feuer, Erde, Luft und Meer IV/33–34

Musik: S. Fietz
Text: D. Stork

2. Alles, was hier kreucht und fleucht,
sollen wir beschützen.
Acker, Wiese, Fluss und Strauch
sollen allen nützen!
Feuer, Erde, Luft und Meer
hat uns Gott gegeben,
dass für morgen etwas bleibt,
dass wir morgen leben!

3. Atmen sollen Tier und Mensch,
alle grünen Bäume.
Wenn ein jeder hilft und heilt,
bleiben's nicht nur Träume.
Feuer, …

4. Walross, Hering, Kabeljau
sollen weiter schwimmen.
Nichts soll sterben, was heut lebt,
an dem Gift, dem schlimmen!
Feuer, …

Die Melodie des Liedes enthält ein musikalisches Echo.

1. Findet die Stelle heraus und singt das Echo selbst.
2. Hört euch die Musikbeispiele an und achtet dabei auf das jeweilige musikalische Echo. IV/35–36

Stichworte

Copyright-Verzeichnis

B	=	Begleitstimme	S	=	Satz
dt. T	=	deutscher Text	Sp	=	Spielanleitung
engl. T	=	englischer Text	T	=	Text
Kf	=	Kanonfassung	Ta	=	Tanzanweisung
M	=	Melodie	Tf	=	Textfassung
Mf	=	Melodiefassung	Ob	=	Originalbearbeitung
Tü	=	Textübertragung			

Seite

12 © Sp und B: Schroedel Verlag, Hannover
13 © M, T und Sp: Schroedel Verlag, Hannover
14 © M und T: Aktive Musik Verlagsgesellschaft mbH, Dortmund
17 © Tf: Schroedel Verlag, Hannover
18 © dt. T. 2.–4. Str.: Heike Schrader
18f. © Tü (2. bis 4. Str.) und B: Institut für Didaktik populärer Musik, Oldershausen
20 © M, T und Tf: 1981 by Roba Musikverlag GmbH, Hamburg
21 © Ta: Schroedel Verlag, Hannover
23 © M: Ulrike Meyerholz, Kassel; T: Bernd Meyerholz, Kassel
24 © M, T und Tü: 1980 by Rüssl Musikverlag GmbH, Hamburg
28 © M und T: Musik für Dich Rolf Zuckowski OHG, Hamburg
30 © S: Musikverlag Hieber, München; Tü: Fidula-Verlag, Boppard/Rhein und Salzburg
34 © M und T: 1989 Hit Pick Music (Edition Wunderwolke), Eurasburg
36 © M, T und B: Worpsweder Musikwerkstatt
38 © dt. T: Schroedel Verlag, Hannover
39 © Ta: Schroedel Verlag, Hannover
40 © M und T: Edition Eres, Lilienthal/Bremen
41 © B: Schroedel Verlag, Hannover
42 © M und T: Northern Songs Limited (D: Bosworth Musikverlag)
44f. © S, Tf und B: Schroedel Verlag, Hannover
47 © Tü: Schroedel Verlag, Hannover
49 © M und S: Björn Isfält, Enskede – Schweden
50 © M und T: Institut für Didaktik populärer Musik, Oldershausen
54f. © M und T: Kartner Songs/Dutchy Publishing B.V. Für D/A/CH/Ostblock außer Baltikum by EMI Music Publishing Germany GmbH, Hamburg
57 © Tü und B: Schroedel Verlag, Hannover
60 © M und T: Musikverlag Friedrich Hofmeister, Hofheim-Leipzig; Sp: Schroedel Verlag, Hannover
61 © Ta: Schroedel Verlag, Hannover
62f. © M und T: Sternschnuppe Verlag, Ottenhofen
64 © M und T: KiMu Kinder Musik Verlag GmbH, 42555 Velbert
65 © M und T: Musikverlag Klaus Gerth, Asslar
70 © M und T: by Harlekijn B.V. Für: D/A/CH: Universal Music Publ. GmbH, Hamburg
71 © Sp: Schroedel Verlag, Hannover
81 © Ta: Schroedel Verlag, Hannover
84 © M und T: Macht die Musik Musikverlag/ Musik-Edition Discoton GmbH
85 © T: K. Thienemanns Verlag, Stuttgart–Wien, 1996, S. 17f.; M: Schroedel Verlag, Hannover
86f. © M, T und Sp: Institut für Didaktik populärer Musik, Oldershausen
88 © Sp und B: Schroedel Verlag, Hannover
89 © M, T und B: Schroedel Verlag, Hannover
90 © M und T: Aktive Musik Verlagsgesellschaft mbH, Dortmund
92–95 © Ta: Schroedel Verlag, Hannover
100 © M und S: Fidula-Verlag, Boppard/Rhein und Salzburg
104f. © Sp: Schroedel Verlag, Hannover
108f. © Sp: Schroedel Verlag, Hannover
109 © M und T: Voggenreiter Verlag, Bonn
110 © M und T: Aktive Musik Verlagsgesellschaft mbH, Dortmund
111 © Ta: Schroedel Verlag, Hannover
112f. © Ta: Schroedel Verlag, Hannover
113 © M: DARGAUD (D/A/S: Palan Musikverlag GmbH); T: Palan Musikverlag GmbH
114f. © Ta: Schroedel Verlag, Hannover
116 © T: Josef Guggenmos: Ich will dir was verraten; Beltz Verlag Weinheim und Basel, Programm Beltz & Gelberg, Weinheim
116f. © Sp: Schroedel Verlag, Hannover
118 © M und T: 1969 by Edward B. Marks Music Co. N.Y. Für D/GUS/osteuropäische Länder: Musikverlag Intersong GmbH, Hamburg
122f. © Sp: Schroedel Verlag, Hannover
126 M und T: Abakus Musik Barbara Fietz, Greifenstein

Bildquellen-Verzeichnis

action press, Hamburg: 6 o. (M. Jäger), 8 u.l. (R. Marquitan), 118 (M. Beck)
Anthony Verlag, Starnberg: 7 m.
Archiv Gerstenberg, Wietze: 23 u., 78 m.
Archiv für Kunst und Geschichte, Berlin: 80 o., 125 o.
Bavaria Bildagentur, Gauting: 6 m.l. (H. Theißen), 7 o.r. (Scholz)
Dr. Wilfried Bahnmüller (Bildverlag-Bildwerbung), Geretsried: 33 r.
dpa, Frankfurt/Main: 6 u.l. (Leukert), 8 o.l. (Link), 8 o.r. (Schulze), 9 o.l. (Mächler), 32 o.r. (Kumm), 32 u.l. dpa Archiv
Jule R. Ehlers-Juhle, Laatzen (Illustrationen): 18f., 22–28, 34–37, 44–47, 49, 56f., 74f., 79, 85 u.l., 86f., 90f., 100–102, 106f., 119, 126
Foto Tegeler, Lüneburg: 8 u.r., 9 u.l., 51, 55 u., 68f., 71 o., 86 m., 89 u., 119 u.
Walter Häberle, Ostfildern: 47 o.
Historisches Farbarchiv Albert Messerklinger, München: 66 u.l., 78 o., u., 120
Hulton Deutsch Collection Ltd., London: 124
IFA Bilderteam, Düsseldorf: 6 m.r. (Selma), 7 u.r. (Rauh), 47 u. (Schösser)
Thomas J. Krebs Jazz Photo Agency, Planegg: 7 u.l.
Marion Kreimeyer-Visse, Börnkamp (Illustrationen): 10, 12f., 15–17, 20f., 30f., 38–43, 50f., 53, 58, 60–68, 70–73, 76f., 80–83, 88, 92–96, 98f., 103–105, 108–111, 114–117, 120–123, 125; sowie alle grafischen Symbole
Lucky Comics by Morris & Goscinny: 112 o., 113
Christine Meile, Diedorf: 85 o.
Werner Neumeister, München: 7 o.l.
Oberösterreichisches Landesmuseum Linz: 31 o.
Friedrich Oetinger Verlag, Hamburg, © 1985: 48
Peyo, © 2001 Licensed through I.M.P.S. (Brussels): 55
Dieter Rieß, Pappenheim: 83
Joachim Riess, Chemnitz: 53 o.
story press, Berlin: 9 o.r.
Schroedel-Archiv: 22 o., m., 47, 73 o., 59, 85 m.r., u.r., 47 m.
Tölzer Knabenchor: 9 u.r.
Transglobe Agency, Hamburg: 33 o. (S. Compoint)
Rolf Zuckowski, Hamburg: 29 u.